IN PAPA'S ARMEN

Betsy Petersen

In papa's armen

Onderdrukte incestervaringen
van een moeder

Van Holkema & Warendorf

DANK JE WEL

Patricia Browne, Val Groos, Erin Kelly, Linda Loewenthal, Ferrol Mennen, Denise Michelet, Kris O'Rourke, Patricia Kay Pace, Joyce Ann Pardue, Lynn Pearlmutter, Nessa Rapoport, Debra Reames, Julie Smith, Sophia Stone, Susan Tucker, Erie Vitiello, Donna Glee Williams, Chris Wiltz.

Copyright © 1991 by Betsy Petersen
Copyright © Nederlandse vertaling 1992 Unieboek b.v.,
Postbus 97, 3990 DB Houten

Verantwoordelijke uitgever voor België: Standaard Uitgeverij n.v., Belgiëlei 147a, 2018 Antwerpen

Omslagontwerp en omslagillustratie Donald Jans
Nederlandse vertaling Karin Noë-Kuiter
Oorspronkelijke titel Dancing with Daddy

ISBN 90 269 6263 0
NUGI 662

CIP-GEGEVENS KONINKLIJKE BIBLIOTHEEK, DEN HAAG

Inhoud

Moeder en vader, Pat en ik, 1944.

De familiefoto

Op de foto zie je achter ons op de muur spookachtige schaduwen; die van mijn vader en van mijn zusje groot en imposant. Mijn moeder blikt naar mijn vader, verleidelijk glimlachend. Hij kijkt haar aan, een nauwelijks waarneembaar lachje om de mond. Tussen hen in staat Pat, mijn zusje, het gezicht afgewend. Ik kijk in dezelfde richting, met een frons. Ik zit bij mijn vader op schoot. Op die foto is Pat dertien jaar oud, ik ben twee. Hij werd genomen in 1944, vlak voor mijn vader naar de Stille Oceaan werd uitgezonden. Hij nam vaak foto's, of liet ze nemen, om momenten vast te kunnen houden. Op die foto is hij in uniform; hij heeft zijn metalen dienstbril op. Naast mijn kleine handen zijn de zijne groot; de ene rust losjes en ontspannen op mijn heup, met de andere streelt hij achteloos de binnenkant van mijn dij, door mijn jurk heen. De uitdrukking op mijn gezicht, en op het hare, is triest, verward en boos. Aan mij kun je de boosheid duidelijk afzien, bij mijn zus is ze wat meer verborgen. Wij drieën – zusje, vader en ik – zitten tegenover mijn moeder. Mijn zus en ik zijn haar rivalen, maar ze weet het niet, ze ziet het niet. Ze ziet ons helemaal niet. Ze ziet alleen mijn vader.

Kinderen (1)

Toen ik in verwachting was van mijn eerste kind las ik alles wat ik in handen kreeg op het gebied van natuurlijke geboorte, voeding en borstvoeding. Ik zou mijn kind zeker precies geven wat hij nodig had. Ik had altijd al gedaan wat van me verwacht werd, dus waarom nu niet? Van het begin af aan liet mijn lichaam me echter in de steek. De ontsluiting vorderde niet, mijn weeën waren niet krachtig genoeg en ik was 44 uur lang moeizaam en weinig efficiënt aan het bevallen. Toen ik hem aanlegde voor zijn voeding, begon hij te huilen. Veertien maanden lang heb ik William de borst gegeven. Iedere keer nam hij de tepel, zoog een paar seconden, liet los en begon te huilen. Dan hapte hij weer, zoog, huilde, begon opnieuw, en opnieuw, en opnieuw. Hij kreeg niet wat hij verlangde en ik wist niet hoe ik het hem geven moest. Hij wilde mij dus niet – dacht ik.

Nu, veertien jaar later, lijkt het zo simpel en begrijpelijk: ik verstijfde zodra hij aan mijn tepel zoog, en hij voelde dat. Zelf was ik me daar niet van bewust, omdat ik de signalen van mijn lichaam niet tot mijn bewustzijn liet doordringen, net als vroeger. Ik was doof voor het roepen van dat kleine meisje in mij: 'Blijf van me af, ga weg, laat me met rust. Hou je handen thuis, blijf af, BLIJF AF, BLIJF AF!'

Tom, mijn jongste zoon, voelde de spanning niet; hij genoot vredig en eindeloos van het zuigen. Liefst zou hij elke dag de hele dag aan de borst hebben gelegen als ik hem de kans had gegeven. Maar ik gaf hem nooit de kans zoveel van mij te krijgen als hij echt verlangde. Ik zie hem nog, een jaar of vier was hij toen, languit op de bank liggen, zijn armpjes uitstrekken en roepen: 'Geef me... geef me... geef me... *jou*!' Hij gaf niet op, hij bleef proberen. Pas toen ik me begon te herinneren wat mijn vader mij toen ik klein was, had aangedaan, leerde ik begrijpen dat mijn weerstanden tegen mijn kinderen in feite tegen mijn vader waren gericht: ik word gebruikt; ik moet alles geven waar hij om vraagt, ik moet altijd klaar staan en mijn eigen dingen opzij zetten als hij iets wil. Altijd gestoord worden! Als een klap in je gezicht: je moet voor *mij* zorgen, niet aan jezelf denken. Hij vraagt te veel, hij zit me te dicht op de huid, hij dringt binnen in mijn gebied, in mijn tijd; niets is echt van mij, alles is van hem. Hij ontwricht me. Mijn vader. Niet mijn zoon.

9

Ik heb 45 jaar moeten worden voor ik me realiseerde dat mijn vader me heeft verkracht – toch is die ervaring, zo lang verdrongen en weggestopt, er de oorzaak van dat ik niet de moeder kon zijn die ik zo graag wilde zijn; niet de moeder die ik als kind zelf zo verlangde te hebben. Met mijn kinderen heb ik het drama nagespeeld zoals ik het heb geleerd op schoot bij mijn moeder en mijn vader. De een leek feitelijk niets van me te willen weten, de ander eiste me volledig voor zich op. Ik verdeelde de rollen tussen mijn zonen en leerde ze hun tekst.

Maar mijn kinderen werden wakker 's nachts, elke nacht, soms twee of drie keer – vanaf hun geboorte tot ze een jaar of vijf, zes waren. Als ik 's avonds ging slapen, schoot ik ineens overeind, angstig, omdat ik dacht dat ik er een hoorde roepen en wist dat ik er dan zeker naar toe moest. Ik maakte mezelf wijs dat het iets met voeding te maken had: als ik hen nu maar zo ver kon krijgen dat ze voor het slapen gaan een glas melk namen, zouden de problemen voorbij zijn. Ze wilden geen melk. Nooit heb ik overwogen niet te gaan kijken als ze huilden, hoewel de kinderarts me aanraadde er geen aandacht aan te besteden. Nu ben ik blij dat ik zijn advies niet heb opgevolgd, omdat ik nu begrijp dat ze 's nachts wakker werden omdat ze overdag van mij niet kregen wat ze verlangden. Maar ik ging altijd naar hen toe omdat ik meende dat ik nooit iets mocht weigeren. Voor mij waren mijn kinderen net als mijn ouders: machtige reuzen, en tegelijk oneindig kwetsbaar. Eén misstap van mijn kant en ze zouden me vernietigen, of ik hen. Ik was bang dat wanneer ik hen op de een of andere manier af zou wijzen of de voet dwars zou zetten, ze zich tegen me zouden keren en mij vernietigen, of dat ze volledig uit het zicht zouden verdwijnen zodat ik hen niet langer kon koesteren en beschermen.

Op een dag hadden ze ruzie, ze waren tien en twaalf jaar en vochten zoals broertjes dat doen. Ineens kon ik het niet meer verdragen. Als een peuter van twee begon ik te gillen: 'Iek-iek-ieks!' Ik perste mijn gebalde vuisten tegen mijn ogen en rolde gillend en snikkend over de grond. Ik dacht dat ik gek werd. Toen het voorbij was, realiseerde ik me dat ik weer even kind was geweest. Ik verloor mijn zelfbeheersing omdat mijn kinderen dat ook deden. Ik moest een eind maken aan hun geruzie, maar ik wist niet hoe. Ze luisterden niet naar me, het maakte hun niets uit wat ik wilde, ze gaven niets om wat ik voelde. Ik zat klem tussen hen in en zij zouden me met de grond gelijk maken. 'Zij' – niet mijn zonen maar mijn ouders.

William kwam naast me op de grond zitten en sloeg zijn armen om me heen. Zachtjes zei hij: 'Stil maar, stil maar, alles komt goed.' Ik schaamde me dood voor mijn uitbarsting, maar genoot tegelijkertijd van zijn troost. Ik kon me niet herinneren als kind ooit op deze manier te zijn gekoesterd en getroost. Wel bedacht ik me op dat zelfde moment dat mijn zoon een moeder moest hebben, niet *zijn*. Ik was als eens eerder zo tekeer gegaan, toen hij nog een peuter van een jaar of drie was. Om een of andere reden stonden we samen in het piepkleine badkamertje achter de keuken. Er was amper genoeg ruimte voor twee mensen. Hij deed iets, wat het was weet ik niet meer, maar ik werd razend. Ik krijste tegen hem en hij nam een stukje vel in mijn hals tussen zijn vingertjes alsof hij het geluid wilde uitdraaien. Hij dacht ongetwijfeld dat het zijn schuld was, en dat zal ik ook wel hebben gevonden.

Ik kan me niet herinneren dat ik als kind driftbuien had, maar ik heb vaak genoeg gehoord dat ik de gewoonte had mensen te bijten. Ik was 'De schrik van de buurt'. Zo staat het in een fotoboek, als onderschrift bij een foto van mij: een meisje met vlechten, tuinbroek aan en blikkerende tanden. In de annalen van ons gezin heet het dat ik zo deed omdat mijn vader weg was tijdens de oorlog – een moeilijke periode bij ons thuis. Volgens die zelfde annalen ben ik ermee gestopt toen mijn vader terug was. Maar ik weet nog heel goed hoe ik op de kleuterschool mijn tanden in iemand zette, en dat was zeker een jaar later. Een golf van razernij overspoelde mij toen een of ander meisje niet meteen kwam op het moment dat de juf de bel luidde. Nog weet ik hoe stevig en toch mals die knie voelde toen ik mijn tanden erin zette.

Na de geboorte van Tom heeft William ongeveer een jaar lang driftbuien gehad, vier of vijf op een dag. Uit schaamte sprak ik daar met niemand over. Op een keer beet hij Tom zo in zijn rug dat de tandjes erin stonden. Zo zag ik ook ooit, toen we in de auto zaten, via de achteruitkijkspiegel, hoe William zijn tanden in zijn eigen arm zette. Op zeker moment hield het op. William vroeg niet langer om datgene wat hij verlangde.

Tom had echter ook driftaanvallen, en hij zette dóór; hij bleef vragen, en vragen, en vragen. Hij smeet spullen op de grond, vernielde van alles, zette de meubels op hun kop; hij spuugde naar me en schold me uit. 'Ik wil aandacht,' was de boodschap. Hij deed in feite hetzelfde als mijn zus, over wie mijn moeder altijd zei dat ze eeuwig problemen veroorzaakte.

Toms verlangen drong niet tot mij door. Ik besefte niet dat ik bezig was mijn kinderjaren opnieuw te beleven. Die jaren waarin iedereen mijn vaders boosheid als leidraad gebruikte en zijn uiterste best deed bij hem in het pulletje te vallen. Onbewust was dat de rol die ik Tom toebedeelde.

Als hij zijn buien had gehad waar anderen bij waren, had ik er misschien eerder aandacht aan geschonken, maar in gezelschap was hij innemend, meegaand, vriendelijk en prettig in de omgang. Zijn aanvallen van razernij bleven geheim. Buitenstaanders wisten van niets, tot ik er een keer iets over losliet bij een schoolbegeleider, die ik vertrouwde en graag mocht. Ik vond het veel te beschamend om haar alles te vertellen, dus hield ik het meeste voor me. Zij stuurde me naar Kris, een verstandige, meelevende therapeute die inzag dat ze Tom het best kon helpen door mij te helpen.

Thuis had ik grondig geleerd dat je je verdriet in moest slikken; zo hoefden mijn ouders er niet mee geconfronteerd te worden. Ze hoefden niet bij zichzelf na te gaan of mijn narigheid soms iets met hen van doen had. Dit was voor mij de beste manier om mijn ouders te beschermen. Tegenwoordig probeer ik mijn pijn niet meer te verdringen, maar vaak doe ik het toch. Ook mijn man tracht zijn verdriet weg te slikken, en William ook, maar Tom zet zijn narigheid om in woede. Hij úit zich. Tom is onze profeet, van hem horen we de waarheden waar we ons liever doof voor zouden houden.

Ik dacht dat ik passieve kinderen zou krijgen; kinderen die zich soepel aan mij zouden aanpassen zoals ik dat altijd bij mijn ouders had gedaan. Ik probeerde altijd de wensen van mijn ouders te voorzien, hen op de voet te volgen, niet hinderlijk in hun blikveld te verschijnen. Maar mijn kinderen roerden zich, huilden, en eisten aandacht. Zij deden dingen die ik niet wilde en vertikten het om te doen wat ik wel wilde, net als ieder ander kind dat zich het risico kan permitteren.

Ik had de behoefte alles tot in de puntjes voor te bereiden en onder controle te houden. Als ik me nu maar precies aan mijn schema's kon houden, zou ik niet door hun grillen heen en weer worden geslingerd, zoals de kleren die ik vroeger in de wasmachine zag ronddraaien toen ik nog 'De schrik van de buurt' heette. Mijn kinderen liepen echter voortdurend uit de pas, ik was dus voortdurend boos. Op een dag stuurde ik William naar de videotheek om de band *Space Balls* te halen. Hij kwam terug met *Explorers* omdat hij die liever wilde zien. Ik werd woedend. Met lage stem zei hij: 'Je hoeft niet altijd zo boos te worden,' alsof hij me een geheim vertelde dat verder niemand mocht horen. 'Wil je asjeblieft niet steeds zo boos worden?'

Ik herinner me hoe het voelde zo'n uitval naar mijn hoofd geslingerd te krijgen: binnen een paar seconden zou zich een ramp voltrekken. Ik be-

12

sefte alleen maar dat ik iets had gedaan en dat mijn moeder zich nu van me afkeerde. Het was als een totale zonsverduistering, als eenzaam achterblijven in mist en wind, koud en kil, zonder enig toevluchtsoord. Ik was niet in staat het te voorkomen. Mijn moeder had het mij aangedaan. Ik deed het mijn kinderen aan. Maar ik zie ook die nacht voor me dat ik met William zat en liedjes voor hem zong. De melodietjes kwamen makkelijk en vanzelf, op een manier die ik nog nooit eerder had ervaren. Hij was pas een paar weken oud en ik was verschrikkelijk blij met hem. Ik weet nog hoe ik met hem op mijn heup de trap af liep als de bel ging: zijn stevige hoofdje fier rechtop, de heldere blauwe ogen klaar om alles te ontdekken, zijn onwrikbare overtuiging dat het open doen van de deur zeker een spannende ervaring zou opleveren. Ook weet ik nog hoe Tom kon glimlachen, een pure uiting van levensvreugde, veel eerder dan volgens de boeken mogelijk was. Ik zie hem nog voor me zoals hij van de duikplank in het zwembad sprong, om hangend in de lucht zijn armen te spreiden en met wijd open mond "Agua" te roepen, een kreet waarvan alleen hij de diepere grond kende.

Mijn kinderen zijn mijn ouders niet.

Weten hoeveel ik van ze houd, is beseffen wat ik ze tekort heb gedaan, wat ze niet hebben gekregen en wat ook ik ben misgelopen. Als ik werkelijk voel hoe lief ze me zijn, komt ook onverbiddelijk de droefenis naar de oppervlakte, die ik zo zorgvuldig heb willen verdringen. Met mijn handen duw ik de snikken terug, uit alle macht probeer ik het verdriet weg te slikken: de wetenschap dat ik de kans heb laten liggen hun te geven wat ze nodig hadden toen ze klein waren. Als ik hen echt nabij wil komen, zal ik ook de pijn toe moeten laten, moeten huilen om hen en om mezelf: ik heb hún jeugd net zo gebruikt als de mijne – om mezelf te beschermen.

Mijn therapeute zei: 'Als je merkt dat je die oude patronen aan het herhalen bent...,' en ik verwachtte iets als: ...zie je hoe machtig die zijn, maar in plaats daarvan vervolgde ze: 'heb je de kans er iets aan te veranderen.'

Ik huilde zoals ik nog nooit had gedaan: er is een uitweg, ik kan anders omgaan met mijn kinderen. Ik kan, toch, ontsnappen uit deze kille verlatenheid.

Het dochtertje van de dokter

Toen ik vier jaar was, verhuisden wij vanuit de eeuwig mistige omgeving van San Francisco aan de oceaan naar een huis verder landinwaarts, in Burlingame. De eerste ochtend dat ik in dat huis wakker werd, scheen de zon in mijn kamer naar binnen; voor mij was dat net zo vreemd als sneeuw! Toch mistte het daar ook wel. Als ik door de nevels naar school liep, verwachtte ik altijd dat ik er middenin terecht zou komen en ten slotte door de mist zou worden verzwolgen en in het niets zou verdwijnen. Maar de mist werd dunner en dunner tot in de verte het witte schoolgebouw opdoemde. Tegen de tijd dat het pauze was en ik weer buiten kwam, scheen de zon.

In de tijd dat ik opgroeide, vormden de plaatsen waar ik regelmatig kwam – school, kerk, huizen van vriendinnetjes – een toevluchtsoord. De mist concentreerde zich voor mijn gevoel in ons eigen huis. Toch koesterde ik door de jaren heen een aantal gelukkige herinneringen aan een jeugd die ook ik gelukkig noemde.

Mijn vader stierf toen ik 37 was. Op dat moment was nog niets van wat hij mij ooit had aangedaan weer tot mijn bewustzijn doorgedrongen. Dat duurde nóg eens acht jaar. Wel merkte ik dat ik geen verdriet voelde. Om gevoelens bij mezelf los te maken, spitte ik in mijn geheugen en schudde herinneringen dooreen alsof het om een spel kaarten ging. Een soort spelletje patience om een band met mijn vader te voelen; dat was de enige manier die ik kon verzinnen om me met hem verbonden te voelen.

Toen ik een jaar of vier was, begon mijn vader me op zaterdagmorgen mee te nemen op zijn visites in het ziekenhuis. Ik zag hoe de gezichten van de verpleegsters oplichtten als ze hem zagen en ik veronderstelde dat ze erg veel van hem hielden, net als ik. Ik hoorde met hoeveel respect ze hem bejegenden; en mij – het dochtertje van dokter Ervin! Ik werd omringd door een bijna tastbaar aureool.

Na de rondgang door het ziekenhuis, gingen we meestal naar het skelet in de kelder kijken. Mijn vader noemde het Oswald en liet de kaak op en neer klapperen. Daarna nam hij me mee de tuin in, waar een reflecterende bol op een voetstuk stond en waar een brug over de San Mateo Creek was; over die brug hingen de takken van een laurierboom. Altijd nam mijn vader daar een blad van, kneusde het in zijn hand en liet het mij ruiken. Als we thuis kwamen, stond mijn moeder net op. Hij zette koffie voor haar en bakte een hele stapel pannekoeken. Hij maakte er drie tegelijk klaar en ik probeerde altijd bij te blijven en er drie op te eten in de tijd die hij nodig had voor de volgende portie. Als hij geen dienst had, nam hij me ook wel mee fietsen. Hij reed altijd aan de buitenkant om me te beschermen tegen langsrijdend verkeer. Bij Coyote Point plukte hij een eucalyptusblad en liet me de geur ruiken, net als bij de laurier. Onderweg vertelde hij over de bomen en struiken die we zagen. Vaak liepen we over het grauwe, vochtige, korrelige zand op het strand.

Soms gingen we 's avonds samen ijs halen – we liepen onze straat, Howard Avenue, af en sloegen linksaf langs het spoor, richting Borden. Af en toe nam hij me even op zijn schouders en kon ik ervaren hoe de wereld eruit zag vanuit zijn standpunt. Het kwam wel voor dat we bij Borden patiënten van mijn vader tegenkwamen. Die mensen lachten mij warm toe terwijl van hun gezichten duidelijk hun sympathie voor mijn vader viel af te lezen. 'Jouw papa is een heel bijzondere man.' Als ze vroegen wat ik later wilde worden, zei ik: 'Dokter.'

'Ohh, dókter, net als papa,' zeiden ze dan, vriendelijk glimlachend. Toen iemand me had gezegd dat meisjes geen dokter kunnen worden, schakelde ik over op 'verpleegster'. Ik zou later een van die vrouwen worden die blij opkeken als mijn vader aan kwam lopen door de lichte, brede gang.

Als ik een splinter in mijn vinger had, was hij degene die hem eruit haalde. Met een lucifer die hij altijd bij zich had om zijn sigaren aan te steken, steriliseerde hij een naald. Dan zette hij een vergrootbril op, hield mijn hand in het licht van de leeslamp en haalde heel voorzichtig, zwaar ademend van concentratie, mijn splinter weg. Ik heb lang gedacht dat je chirurg moest zijn om splinters weg te halen.

Hij vertelde me altijd verhaaltjes over Gertie Gorilla, een stoute kleine aap, die altijd haar zus, lieve kleine Betsy, in de problemen bracht. Vaak ook had hij het over de verhalen die hij aan kinderen vertelde als hij hun wonden moest hechten. Hij vertelde hoe ze rustig stil zaten en luisterden terwijl hij met ze bezig was; had een andere dokter ze geholpen dan hadden ze gebruld van de pijn. Ik groeide op in de wetenschap dat hij bijzonder was; een bijzondere man omdat hij dokter was, en een bijzon-

Foto van mij in de achtertuin, gefotografeerd door mijn vader toen ik zeven was.

dere dokter omdat hij vriendelijk was, zachtzinnig, toegankelijk – een dokter met een zachte, betrokken manier van doen, en een goed luisteraar. In zijn werkkamer was ik kind aan huis. Als mijn moeder en ik boodschappen gingen doen, liepen we er vaak even binnen om gedag te zeggen. Als ik verkouden was, bracht mijn moeder me naar de KNO-afdeling om mijn bijholtes leeg te laten zuigen. De verpleegster die bij mijn vader werkte kwam er speciaal voor naar de afdeling om mij te helpen, ik was tenslotte dokter Ervins dochter. Ik lag op de behandeltafel met mijn gezicht over de rand terwijl zij de machine bediende. Daarna zat ik op een grote stoel penicillinedamp in te ademen.

Zo luidde mijn eigen, officiële lezing van mijn kinderjaren; een periode waarin ik bijzonder was omdat ik mijn vaders dochter was. Maar er waren andere herinneringen, die de mooie in de weg zaten. Tegen de tijd dat mijn vader dood ging, had ik al wel oog gekregen voor de voortdurende tweeslachtigheid; de contradicties van mijn jeugd zorgden ervoor dat ik niet huilde, mijn hart voelde als een dood, dor blok.

Bij mazelen of de bof kwam er een kinderarts bij ons thuis, maar als ik maar een beetje ziek was, nam mijn moeder me mee naar het spreekuur. Het was belangrijk goed rekening te houden met de artsen: ze hadden het druk en je moest niet nodeloos beslag leggen op hun tijd. Ze waren altijd vriendelijk tegen mij, die collega's van mijn vader, en toch had ik het gevoel dat er iets van minachting lag in hun glimlach, net als bij mijn vader.

Thuis kon ik meemaken hoe sommige van zijn patiënten hem ergerden. Hij vertelde hoe sommige neuroten – kneuzen noemde hij ze – van hem verwachtten dat hij tot in het oneindige naar hun kletsverhalen bleef luisteren. Als de telefoon ging, riep iedereen – mijn vader, mijn moeder, mijn zus, haar man – ook dokter – en ik – in koor: 'Bingo!' In die zin nam ik dus deel aan dit gezamenlijk ritueel, maar mijn vaders favoriete uitdrukking gebruikte ik nooit. Wij waren dus insiders, mensen die een zekere vijandigheid koesterden om onze speciale status te onderstrepen. Op een zaterdagmiddag had een kind een pijl in zijn wang gekregen – een stom kind, natuurlijk, dat die pijl alleen maar in zijn gezicht had gekregen om mijn vaders vrije middag te verzieken. Tegen een vriendinnetje zei ik, mijn vaders afkeer naspelend: 'Een of ander stom kind kreeg een pijl in zijn snuffferd.' Mijn vader deed alsof hij het slachtoffer was van zijn patiënten: ze namen al zijn tijd in beslag en betaalden de rekeningen niet. Hij zei niet dat ze allemaal zo waren, maar hij vertelde ook nooit iets over een leuke patiënt, of een dappere, of iemand die zich goed hield onder moeilijke omstandigheden. Heel veel van wat ik mij herinner draait om mijn vader als dokter. Zelfs zijn legendarische slordigheid – rondom zijn stoel was het altijd een chaos van sigarenas, sokken, medische tijdschriften – gold binnen de familie als iets wat je bij een dokter kunt verwachten. Als hij eten kookte, waste hij voortdurend zijn handen en liet alle papieren handdoekjes in proppen op het aanrecht liggen, naast het groenteafval en de vuile potten en pannen. Chirurgen wassen nu eenmaal vaak hun handen, zei mijn moeder, en bovendien zijn ze eraan gewend dat verpleegsters hun spullen achter hen opruimen in de operatiekamer.

Mijn vader was veel weg: bezig met zijn patiënten, of naar vergaderingen en bijeenkomsten. Er was het stafoverleg in het ziekenhuis, twee chirurgische genootschappen en de artsenvereniging. Op een dag hield hij een praatje voor de radio; ik herinner me nog goed hoe zijn stem klonk vanuit de grote ontvanger in onze woonkamer – onze hond ging tekeer als een bezetene.

Als mijn vader 's avonds weg was, deden mijn moeder en ik kaartspelletjes. We hadden een boekje met allerlei spelletjes die we een voor een uitprobeerden, voor zover ze geschikt waren voor twee personen. Mijn moeder vertelde me dan hoe ze, na haar trouwen, van assistenten die geen dienst hadden maar wel in huis waren, had leren bridgen. In de zomer voor ik ging studeren, nam ze iemand in dienst om mij te leren bridgen, zodat ik tegenover gehaaide spelers geen figuur zou slaan. Ze beweerde dat ze mij de vernedering en minachting die zij zelf had ondergaan, wilde besparen. Voor ik geboren werd, was mijn moeder als maatschappelijk werkster verbonden aan de sociale dienst van San Francisco. Toen ik er eenmaal was deed ze veel vrijwilligerswerk; ze was ook actief binnen de school waar ik op zat. Ze wàs er, als ik uit school kwam. Ze was beschikbaar als er kinderen ergens heen gereden moesten worden. Zij was degene die er voor zorgde dat ik bedankbriefjes schreef. Toen ik ging studeren, nam ook zij haar studie weer op: ze ging verder in sociaal werk, op Berkeley, waar ze ook haar kandidaats had gedaan. Ze werd psychiatrisch geschoold maatschappelijk werkster en was een aantal jaren als therapeut werkzaam. Ook bezocht ze workshops in Esalen en elders, vaak samen met de leidende figuren op dit gebied in Californië, mensen als Fritz Perls en Virginia Satir. Ze was en is een intelligente, onafhankelijke vrouw met een grote liefde voor muziek, lezen en reizen. Ze heeft heel veel vrienden, sommigen kent ze al vanaf de middelbare school, anderen zijn van mijn leeftijd of nog jonger.

Toch, als ik aan mijn jeugd denk, kan ik mijn moeder bijna niet anders zien dan als satelliet van mijn vader: ze vleide hem, verdedigde hem, interpreteerde hem, zag hem naar de ogen, en gehoorzaamde hem. Vaak gaf hij haar bijvoorbeeld te verstaan dat ze de afwas maar moest laten staan, vooral na een feestje. Vaak rook het op zondagmorgen naar verschaalde wijn en lag het aanrecht vol met uitgedroogde stukken stokbrood, vuile borden en verfrommelde papieren handdoekjes...

Toen mijn zus en haar man bij ons inwoonden, klaagde mijn vader op zekere dag dat het onder een dak wonen met drie 'Ervin-vrouwen' (ik was toen twaalf) veel weg had van de omgang met drie panters. Ik vatte dat toen op als een verwijzing naar ons voortdurend gezeur en gedoe; misschien doelde hij ook op een bepaalde, gevaarlijke sensualiteit. Mijn moeder liet door een kleermaker voor ons alledrie een fluwelen panter-broek maken, die we jaren op allerlei familiebijeenkomsten hebben gedragen. Net als onze afkeer van mensen die zo stom waren zich in het weekend te bezeren, gaf ook dit ons een gevoel van kameraadschap: wij waren anders dan andere gezinnen, en mijn vader was de kern van dat 'andere'.

Haast elke dag nam mijn moeder me mee boodschappen doen: we gingen naar de stomerij, de schoenmaker, de delicatessenzaak; daar kocht ze soms iets lekkers voor me. In het postkantoor kwamen we ook veel. Dat was een enorme, hol klinkende hal met marmeren vloeren en balies. Toen ze daar een keer een pakje wegbracht, zei ik, met een schuin oog naar de man achter het loket: 'Is dat die met de heroïne erin?' Ze gaf mij een standje omdat ik haar zo in verlegenheid bracht, maar ze vertelde het verhaal nog jarenlang.

Dat was het soort grappen waar mijn vader gek op was: mensen op het verkeerde been zetten en een ongemakkelijk gevoel bezorgen. Een van zijn favoriete anekdotes ging over een kennis wiens hond de gewoonte had op andermans gazon te zitten poepen. De buurman deed keer op keer zijn beklag. Op zekere dag kwam deze vriend van mijn vader, een patholoog, thuis met wat mijn vader een 'olifantendrol' noemde – de man kende iemand van een dierentuin – en deponeerde die op het grasveld van zijn buurman.

Mijn vader had een uitgesproken voorkeur voor seksuele dubbelzinnigheden en grappen. Hij vertelde graag het verhaal van een vrouw die ergens een broodje wilde gaan eten: ze bestelt een broodje ham, maar de ham blijkt uitverkocht. Dan kiest ze kaas: ook uitverkocht. 'Wat hebt u dan wel?,' vraagt de vrouw. Tong is wel voorradig, maar de vrouw zegt: 'O, nee, ik kan onmogelijk iets door mijn keel krijgen dat eerst in de mond van een dier heeft gezeten!' Vervolgens bestelt ze een broodje ei.

19

Elke keer als ik iets wat hij me wilde laten proeven, weigerde, kwam hij met dit verhaal op de proppen. Hij was een enthousiaste kok, met een voorliefde voor ongebruikelijke combinaties: kastanjes in de soep, noten door de sla, en hij hield van sterke smaken, met name van stinkkaas. Vaak schepte hij er over op dat ik als peuter alles at wat hij me voorzette. Wat ik me herinner is dat ik alles wat hij me aanbood, met wantrouwen bezag. 'Proef maar,' vleide hij, 'je vindt het vast lekker, het is heerlijk.' Maar ik wist wel beter.

Mijn vader was zwaar, net als zijn moeder. Vaak gaf hij af op de overdadige, vette eetgewoonten van zijn jeugd en prees mijn moeder om haar matigheid, hij stond er echter wel op dat ik mijn bord leeg at en liefst om een tweede portie vroeg. 'Kom, neem nog wat,' drong hij vaak aan, 'je kwetst degeen die voor je heeft gekookt.' Als hij zoiets zei, voelde ik me schuldig, maar toch – al was ik doorgaans een gezeggelijk kind – dit was iets waartoe hij me niet kon dwingen.

Mijn ouders en mijn zus maakten van bloot geen probleem. Mijn ouders sliepen naakt en op zondagmorgen klauterden mijn zus en ik bij hen in bed om te kletsen en te dollen. Ik sliep meestal ook zonder kleren, omdat ik dacht dat zij dat graag wilden. Vaak trok ik wel iets aan voor ik 's morgens mijn kamer uitkwam. Mijn zus liep naakt door het huis en lag ook naakt te zonnebaden in de achtertuin. Ik schaamde me voor mijn eigen terughoudendheid, dat verlangen om mijn lichaam te verbergen.

Toen ik een jaar of tien was, gingen we een keer een weekend bij vrienden van mijn ouders logeren. Die mensen woonden in een bos en in de wijde omtrek was geen ander huis te bekennen. We konden dus, zo zeiden mijn ouders, rustig naakt zonnebaden. Toen we daar waren aangekomen en elkaar hadden begroet, gingen we naar binnen om ons uit te kleden. Ik deed het zo langzaam als ik maar kon. Uiteindelijk vroeg ik aan mijn moeder: 'Moet ik alles uittrekken?'

'Natuurlijk niet,' antwoordde ze op een toon die ongetwijfeld geruststellend bedoeld was, 'hou gerust je broekje aan als je dat wilt.' De hele dag heb ik doodongelukkig zitten zijn in mijn onderbroek, en mijn best gedaan niet naar die blote volwassenen te kijken.

Mijn ouders hechtten nogal aan het idee dat bij ons thuis alles bespreekbaar was. Toen ik op de middelbare school zat, kwamen veel van mijn vrienden bij ons over de vloer; ze schoven aan rond de eettafel en koesterden zich in de volwassen behandeling die ze van mijn ouders ondervonden. Op een avond vroeg een van die jongens of een man er altijd voor moest zorgen dat zijn partner óók een orgasme kreeg bij iedere vrijpartij.

Ik hield mijn ogen gericht op de aardappel op mijn bord. Mijn vader schoot in de lach en reageerde van man tot man met: 'Het hoeft niet altijd touché te zijn.' Ik bleef neutraal voor me uit kijken en slaagde er zelfs in aan tafel te blijven zitten. De jongen had daadwerkelijk het woord *orgasme* gebruikt, een term die ik mijn ouders geen van beiden ooit had horen gebruiken. Zo echt open waren ze niet tegen mij, al vielen er wel constant seksuele zinspelingen te beluisteren. Feitelijke informatie over seks kreeg ik niet; evenmin deden ze enige poging bepaalde morele waarden en normen op dit gebied over te dragen. Alle boeken die ze hadden – en dat waren er heel veel – mocht ik lezen. Mijn vader had ook allerlei werken verzameld die ooit omstreden of verboden waren: *Fanny Hill*, *Lady Chatterley's Lover* of *Lolita* bijvoorbeeld. Die boeken lezen was één ding, er over praten nog heel wat anders. Mijn ouders zeiden me dat ik alles mocht vragen wat ik niet begreep; ik heb nimmer om verduidelijking gevraagd van wat ik las.

Mijn vader beweerde dat mijn moeder een onovertroffen talent had om overal haar eigen stempel op te drukken. Zij kon even rond lopen in een kamer – zei hij – hier iets veranderen, daar iets ophangen, en dan was de ruimte onmiskenbaar van háár. Maar toen wij naar een voorstad waren verhuisd, hebben we tien jaar lang geleefd tussen de meubels die bij dat huis hoorden: een volkomen doods eetkamermeubelement en een afgrijselijk, bruinig vloerkleed met ingewikkelde patronen. Elders in huis waren de vloeren gewoon van hout, in de keuken lag linoleum en over het beton in de kelder lag zeil. De jaloezieën die bij het huis hoorden hingen er nog net zo toen wij er weer uittrokken, net als de armzalige, verkleurde gordijnen. Er was in dat hele huis niets zachts.

De muren van mijn kamer bestonden uit knoestige panelen vurehout, de vloer was ook van hout, en stoffig. Ik had een laag, doorgezakt bed met een roze jacquard sprei eroverheen, en verder een klein, rond tafeltje met twee bijpassende stoeltjes. Waar je keek lagen bergen rommel. Het leek wel alsof mijn moeder – nooit mijn vader – altijd kwaad op me was vanwege die rommel. Eens in de zoveel tijd had ze alles opgeruimd als ik uit school kwam; ik genoot dan van die overzichtelijke ruimte tot de troep weer de overhand kreeg. Ik kan me niet herinneren of mijn moeder me ooit heeft aangeboden te helpen opruimen of aanwijzingen heeft gegeven over hoe ik dat aan zou kunnen pakken. Toen ik ouder werd heb ik geleerd hoe je een huis bijhoudt op dezelfde manier als ik allerlei andere dingen heb geleerd: uit boeken.

Mijn moeder had hulp in de huishouding; een hele reeks sympathieke, hard werkende zwarte vrouwen. Deze hulpen kwamen een- of tweemaal per week en hoewel ik de vrouwen niet echt goed kende, was het in de armen van Georgia dat ik troost zocht toen onze hond was overreden. De gekwetste blik van mijn moeder ontging me niet, maar om redenen die ik zelfs niet probeerde te doorgronden, had ik het gevoel dat van haar geen troost te verwachten viel.

Mensen die bij ons thuis kwamen, viel altijd meteen ons boekenbezit op. In de woonkamer van ons huis in Burlingame stond aan weerszijden van de radio een boekenkast. Tegen de tijd dat we verhuisden naar Hillsborough hadden we genoeg boeken om er 24 ingebouwde planken mee vol te zetten. 'Hebt u die boeken echt allemaal gelezen?,' vroegen mijn vrienden als ze bij ons thuis kwamen. Ook hadden we schilderijen en kunstvoorwerpjes in huis; wat aquarellen, een stukje keramiek – niets van grote waarde, maar wel dingen die voor mijn ouders iets betekenden. Later zetten ze allerlei Mexicaanse spulletjes neer: tin uit San Miguel de Allende, zwart aardewerk uit Oaxaca, lakwerk uit Querétaro, een schitterende ronde tafel, ingelegd met turkooizen tegels. Net als al zijn collega's, had mijn vader eens in de paar jaar een drietal maanden verlof. In de lente van het jaar dat ik in de eerste klas van de middelbare school zat, reisden we door Mexico.

Pas op de allerlaatste dag voor vertrek vertelde ik mijn moeder hoezeer ik niet op reis wenste te gaan, hoe ik er tegenop zag. Ik wilde helemaal niet weg van het intense, opwindende bestaan van zo'n begin van de middelbare school. Ik had graag thuis willen blijven, bij mijn zus en haar man, die zolang in ons huis trokken. Deze mogelijkheid is nooit serieus overwogen.

Voor we weggingen, kreeg ik van mijn vader een dagboek; het had een roodleren kaft, dikke roomkleurige pagina's, en goud-op-snee. Hij stelde voor dat ik daarin aantekening zou houden van onze reis; dit was de eerste keer dat hij liet blijken dat hij wilde dat ik schrijver werd. Ik kon de uitdaging van die aanlokkelijke bladzijden niet aan. Na vier stijve, houterige pogingen – 'We hebben overal gezocht naar sigaren voor mijn vader, maar iedereen denkt dat we sigaretten bedoelen, dus dan gaan we maar weer ergens anders heen...', heb ik het boek terzijde gelegd. Het laatste dat er in staat, is: 'Los Alamos, Sonora, 24 februari 1954,' en dan niets meer.

Daar hadden we een kerkhof bezocht en tijdens onze urenlange wandeling tussen de grafstenen was in mij de overtuiging gegroeid dat echt iedereen doodgaat, en dat dat mij ook zou gebeuren. Ik werd hier ontzettend bang van en die angst verliet me pas maanden later, toen we allang weer thuis waren. Toen ik op een avond met mijn moeder naar huis liep na afloop van een bezoek aan kennissen, vertelde ik haar in het duister van mijn angsten en vroeg of ze me naar een psychiater wilde sturen zodat ik mijn gevoelens wat beter zou leren hanteren. 'Ach welnee, je hebt helemaal geen psychiater nodig,' zei ze, 'iedereen heeft het moeilijk met de dood.'

In Mexico liet mijn vader zijn baard staan, iets wat in het behoudend milieu waarin hij werkte zeker bevreemding zou hebben gewekt; mijn vader genoot toen iemand in Mazatián op een avond naar hem wees en uitriep: 'Kijk, Hemingway!'

Op een avond lieten ze mij na het eten alleen op onze kamer; zij gingen beneden wat drinken in de bar. Toen ze terugkwamen hadden ze ruzie. Ik deed zo lang mogelijk alsof ik sliep, maar uiteindelijk hield ik het niet meer uit en begon te schreeuwen dat ze op moesten houden. Mijn moeder kwam op de rand van mijn bed zitten en legde me uit dat iedereen wel eens ruzie heeft met zijn partner, dat was echt niets waar ik me druk over moest maken. Zelfs als een van de twee mensen de ander een klootzak – hier wees ze met haar ogen veelbetekenend naar mijn vader – vindt, houden ze tóch heel veel van elkaar. Ik geloofde haar niet.

Al hun vrienden hadden het er maar over wat een prachtige kans die reis was voor mij. Mijn vrienden begrepen dat die maanden neerkwamen op een regelrechte ramp. Ik leefde op post van thuis. In Mexico-stad, waar wij een maand bleven, troostte ik mezelf met ijs. Iedere avond bestelde ik in het hotel na het diner op het terras een *helado de crema*, en dan nog een, en vaak nog een. Mijn vader vond het prachtig: dit was de enige periode in mijn leven dat ik eindelijk eens zoveel at als hij graag wilde. Op een avond kondigde ik aan dat ik vijf schaaltjes ijs op ging eten; dat heb ik ook gedaan. Mijn vader heeft een foto van mij gemaakt, zittend aan die hoteltafel onder een parasol en met vijf lege, metalen ijcoupes op een voetje voor mijn neus.

De laatste avond voor we de grens overstaken, logeerden we in een motel waarvan de eigenaar een zoon had van mijn leeftijd. Die jongen begon in het restaurant een praatje met mij en vroeg me of ik hem wilde leren dansen. Aangemoedigd door mijn ouders, sprak ik voor 's avonds met hem af in de bar. Toen het eenmaal zo ver was en we daar waren, zei hij dat hij zich ongemakkelijk voelde onder de ogen van al die drinkende mannen en dat hij liever met me naar zijn kamer ging. Ik voelde daar niet veel voor, maar had het idee dat weigeren nogal onbeleefd zou zijn. Eenmaal op zijn kamer zette hij de radio aan, nam mij in zijn armen en hield me stijf tegen zijn borst geklemd. Ik kon zijn hart voelen bonken. Ik zag me zelf in de spiegel boven de toilettafel, en ik zag me zelf terugkijken en werd op slag doodsbang. Ik nam de benen, zo snel mogelijk naar de kamer die ik met mijn ouders deelde en kroop weg in de kleine nis waar mijn bed stond. Mijn ouders deden hun best me weer te voorschijn te krijgen; ik moest met die jongen gaan praten. Hoewel ik best begreep dat ik fout zat en dat ik hem had gekwetst, heb ik geweigerd. De volgende ochtend schoor mijn vader in de badkamer zijn baard en snor af. Die baard had hij in Mexico laten staan, maar die snor had hij altijd al gehad, behalve vlak nadat hij terugkeerde na de oorlog. Toen ik hem uit de badkamer zag komen met dat glad geschoren gezicht rende ik weg en verborg me opnieuw in mijn nis.

Mijn vader wilde dat ik schrijver zou worden, en dat ben ik geworden. Op de middelbare school liet ik hem altijd alle opzetten voor werkstukken en opstellen die ik moest maken zien, en hij gaf me dan advies. Die adviezen kwamen grotendeels neer op twee verhaaltjes, die hij telkens opnieuw opdiste: het ene ging over een politicus die een jongere collega iets vertelt over spreken in het openbaar. 'Eerst vertel je wat je gaat zeggen, dan zeg je het, en vervolgens leg je uit wat je hebt gezegd.' Het andere ging over een boer die zijn zoon adviseerde dat hij zijn muilezel het best met stokslagen op de snuit kon bewerken, teneinde 'zijn onverdeelde aandacht' te verkrijgen. Die onverdeelde aandacht van mijn vader probeerde ik via het schrijven te krijgen. Toen ik me dit voor het eerst echt realiseerde, ik was toen dertig, hield ik meteen op met schrijven. Ik zei tegen iedereen die ik kende dat ik ermee was gestopt. Ik sloeg een voorraad stoffen en patronen in en legde me thuis toe op naaiwerk. Ik zocht twee soapseries uit om dagelijks te volgen – als ik me goed herinner ging het om *Another World* en *General Hospital* – en als mensen me vroegen hoe ik mijn dag doorbracht, vertelde ik van mijn naaiwerk en mijn tv-series. Toen ik dat tegen mijn vader zei, trok hij een verbaasd gezicht. 'Ben je materiaal aan het verzamelen voor een kort verhaal?,' vroeg hij. 'Ik schrijf helemaal niet meer.' 'Waarom niet?,' vroeg hij. 'Omdat ik er geen zin in heb.' Ik hoopte dat de boodschap was overgekomen, want het echt duidelijk zeggen durfde ik niet. Waar het op neer kwam, was dat wat hij wilde dat ik zou zijn, niets te maken had met was ik was. Negen maanden later was ik weer gewoon aan het schrijven; ik slaagde er niet in dit werk, waar ik zo van hield, te laten, ook al had hij het voor me uitgezocht.

Ik zie het het liefst zo dat mijn ouders me niets waardevols hebben gegeven. Als iemand suggereert dat ze misschien toch iets hebben bijgedragen, hoor ik mijn stem luider worden, en schril: 'Nee, niets. Niets. Helemaal niets!'

Op zoek naar mama

Soms lijkt het of de wereld kantelt en ik bezig ben eraf te glijden, zo van de planeet af de ruimte in: koud en donker, niets om me aan vast te houden, niemand om mij vast te houden. De angst is een lichamelijke sensatie, alsof ik misselijk ben; ze golft omhoog in mijn borst en mengt zich daar met alle ellendige gevoelens. Ik haal oppervlakkig adem, hoog in mijn borst, want als ik uitadem lijk ik af te glijden naar de angst en ik ben bang dat ik te diep wegglijd. Waar is mijn moeder? Ik doorzoek alle kamers van mijn vroege jeugd, alle plaatsen die ik me herinner uit de tijd dat ik twee, drie en net vier jaar oud was. Ze is er niet. Ze is uit mijn geheugen verdwenen: ze was er wel, maar nu is ze onvindbaar, en ik weet niet of en wanneer ze terug zal keren.

Ik had ooit een klein kaarsje in de vorm van een engel; op een dag viel het door de spijlen van de trap, het lag gebroken op de vloer beneden. Nog voel ik de vettige kop en het lijfje; ik zat met de stukjes in mijn handen op de grond te snikken. Voor het eerst ervoer ik iets van definitieve, onomkeerbare eindigheid. De oppas kwam naast me zitten en troostte me: 'Je engeltje is nu in de hemel bij al de andere engeltjes.' Waar is mama, ik wil dat mama komt!

Ik weet nog dat ik op peuterzaal kwam; ik zat op de wc, een hokje zonder deur bij de hoofdingang. Daarna werd, als iedere morgen, mijn temperatuur opgenomen. Ik zie een grote, lege kamer voor me, een glimmende bruine vloer, een hobbelpaard en een grote houten box. Het hobbelpaard is groter dan ik. In de verre zijmuur van de ruimte zijn grote ramen, daarachter is het koud en grijs, vanaf de oceaan waait de westenwind. Ik ruik appelsap, volkoren koeken en de vochtige, zoute lucht. Maar waar is mama? Op deze peuterzaal helpen moeders, dus de mijne zal er ook wel eens geweest zijn, maar ik kan haar niet ontdekken. Ik wil bij haar op schoot tot ik zelf klaar ben om rond te gaan kijken. Ik wil zelf bepalen wanneer ik zo ver ben dat ik op het hobbelpaard wil, en ze moet er nog zijn als ik weer naar haar toe wil. Maar ze is er niet.

Ik sta in de badkamer van onze flat in San Francisco. Mijn moeder ligt in haar kamer te rusten. Ik word verondersteld ook een dutje te doen, maar ik moet naar de wc. Ik sta naar de gaskachel te staren die naast de wc hangt. Achter een glimmend metalen rooster dansen de vlammetjes. Het lijkt op de matglazen ruitjes van de kleine huisjes die wij met kerst bij de boom neerzetten. Daar binnen, bij die vlammetjes, ziet het er warm en gezellig uit; daar gebeurt iets plezierigs, al weet ik niet wat. Ik sta er buiten. Ik wil bij die gezellige, warme sfeer komen, maar ik weet niet hoe. Ik ben een reus, een soort Alice in Wonderland; ik ben te groot om erin te kunnen, maar ik kan wel iets van mij naar binnen steken om te kijken wat er gebeurt. Ik draag een voddig, katoenen schortje, zoiets als een eerste probeersel van iemand die leert naaien. Ik duw de ceintuur door het gaatje naar de vlam toe. Steeds verder laat ik hem erin zakken, meer en meer stof verdwijnt in het gat... de stof vliegt in brand. Als ik begin te schreeuwen, komt mijn moeder te voorschijn, ze grijpt de brandende ceintuur en dooft hem in de wc-pot. Ze is boos op me. Ze vraagt waarom ik haar nooit eens met rust kan laten, waarom ze eeuwig op mij moet letten.

Ik zie de wasserette voor me, in het flatgebouw waar wij woonden. Een hele rij wasmachines met ronde, glazen ruitjes waarachter ik het wasgoed zie rondtollen door het zeepsop; het wolkt op tegen het glas als de branding. Voor de deur is een klein speelplaatsje met een zandbak. Die zandbak is klein maar heel diep – te diep om zelf uit te klauteren als je drie jaar bent. Ze hebben me verteld dat hij zo diep is om te zorgen dat kleine kinderen niet weg kunnen lopen terwijl hun moeder met de was bezig is. Het vochtige, klonterende zand kan ik nog voelen, evenals de ruw cementen randen; ik kan er niet overheen kijken, ik zie alleen de grijze lucht. Ik kan er niet uit. Ik moet wachten tot iemand me komt halen. Ik kan me niet herinneren dat er iemand komt.

Kort na mijn vierde verjaardag gaan we op vakantie in de buurt van Clear Lake. Ik voel de scherpe kiezeltjes waaraan ik op het strand mijn voeten bezeerde en ik zie nog de wriemelende strook levende wespen en horzels langs de waterlijn. Ik ben bang om daar overheen te springen als ik naar het water wil. Mijn zus, vijftien en groot als een volwassene, stapt er overheen, zonder mij. Op een ander moment loop ik over het pad dat langs de strandhuisjes loopt. Ik huil, en er is een man die me vraagt in welk huisje ik hoor. Hij neemt me mee naar het kantoortje, dat net zo'n strandtentje is: houten wanden en horren voor ramen en deuren. De sparretjes zorgen voor schaduw. Ze raadplegen een groot boek en ontdekken waar ik hoor. De man zegt dat ik helemaal van nummer 100 tot nummer 5 ben gelopen. Ik kan me niet herinneren dat ik terug ben gegaan.

Weer een andere keer zit ik in mijn eentje in de auto, op een donkere parkeerplaats. Ik moet huilen en een mevrouw kijkt door het raampje naar binnen. Ze doet het portier open, haalt me uit de auto en draagt me een ruimte binnen waar een heleboel mensen zijn; veel lawaai en muziek. Volgens mij is mijn moeder boos omdat ik wakker ben geworden. Haar uitleg weet ik nog: je moet 21 zijn om hier binnen te mogen. Mijn zus ziet er oud genoeg uit, dus zij kon met mijn ouders mee, maar ik ben te klein en moest dus in de auto slapen. Ik herinner me deze uitleg, maar ik kan niet mijn moeders stem horen, of haar gezicht voor me zien. Ergens verderop in mijn jeugd zie ik mijn moeder in de auto zitten. Ik zit naast haar en we rijden naar de wasserette of de schoenmaker. Ik zie haar staan aan het aanrecht, of lachen en drinken op feestjes, of schreeuwen tegen mijn zus. Ze leest mij soms voor uit de *Sprookjes van Grimm*, ik zit op de grond aan haar voeten. Toch ontbreekt ze in vrijwel alle gebeurtenissen die ik mij kan herinneren, zelfs als ik weet dat ze erbij was. Ik kan bij mijn gevoelens komen, nu, de gevoelens van rouw en angst, de gewaarwording of ik zo van de planeet afglijd de koude, oneindige leegte in waar ik ten diepste alleen zal zijn. En ik kan bij die beelden uit het verleden komen, taferelen waar mijn moeder niet in voorkomt. De verbinding kan ik niet leggen, ik krijg de gevoelens niet in de beelden; ik kan niet opnieuw ervaren hoe mijn bestaan toen *voelde*. Of ben ik er bang voor? Ja. Ik ben bang om me te laten gaan, bang om werkelijk diep te zuchten en zó in de totale leegte te storten.

Drank

Toen ik een jaar of vier was, verhuisden wij naar een voorstad. Sinds die tijd kwamen er in de weekends vrienden van mijn ouders over vanuit de stad. Meestal kwamen ze in de loop van de zaterdag, op tijd voor een late lunch. We zaten dan met zijn allen op de banken rond de tafel in de keuken en aten augurken, noten en stinkkaas; er werd bier bij gedronken. 'Mag ik een beetje?,' vroeg ik aan mijn vader. 'Ga je glaasje maar pakken,' zei hij dan. Mijn glaasje was een klein, rond potje waar smeerkaas in had gezeten; er stond een blauw bloemetje op. In dat glaasje schonk mijn vader een scheutje bier. Nog kan ik de gistige borreling proeven en de goudgele kleur zien met het witte schuim erop.

Mijn vader was dik; soms stak hij zijn buik vooruit en dreef de spot met zichzelf. 'Nog even en ik ben zo vet dat je niet meer bij me op schoot kunt,' riep hij. Ik tekende dan met mijn hand de toekomstige contouren van zijn buik in de lucht, als hij zo dik zou zijn dat zijn buik een soort plateau vormde voor mij om op te zitten. 'Je vader is een vieze, ouwe man,' lachte hij, en hun vrienden lachten mee.

Soms kwamen er kinderen mee met het bezoek, maar meestal was ik het enige kind tussen deze volwassenen. Ik zat bij hen aan tafel en luisterde naar wat ze zeiden. Als er gelachen werd, lachte ik mee. Zo verliep de middag tot het tijd werd om iets aan het avondeten te gaan doen.

Mijn ouders hadden een kennis die ik 'oom' moest noemen; hij was vaak van de partij. Op een keer probeerde hij me aan tafel te zoenen, hij keek erbij als een treurige, oude hond. Glimlachend – opdat hij niet boos zou worden – draaide ik mijn hoofd af, de volwassenen lachten. Later vertelde mijn vader mij dat het een alcoholist was en, wat men noemde een 'remittance man', dat wil zeggen iemand die door zijn familieleden wordt betaald om bij hen uit de buurt te blijven.

Een andere kennis van mijn ouders, een vrouw, ook aan de drank, werd door mijn moeder altijd gekarakteriseerd als 'iemand uit de tijd dat ik nog arm en jong was en op Telegraph Hill woonde'. Op een zaterdag gingen deze vrouw en 'oom' naar de kelder – wij noemden dat de hobbykamer – en daar gingen ze met elkaar naar bed. Op dat moment wist ik daar niets van, maar later begreep ik het; mijn vader vertelde die geschiedenis regelmatig. Het mooiste vond hij dat de geluiden uit de kelder via de verwarmingsbuizen te horen waren geweest in de slaapkamer van mijn zus. Als mijn vader die gebeurtenis aanhaalde, lachte hij altijd. Zijn vrienden lachten ook. Ik ook. Als mijn moeder dronk, veranderde ze: eerst haar stem en dan haar gezicht. Binnen de kortste keren kon ik horen hoe ze de medeklinkers in haar mond verfrommelde, alsof ze er niet meer in pasten. En ze lachte erg veel. Als mijn moeder nuchter was klonk haar lach gemaakt: een middelhoog geluidje, en dan een giechel in een hogere toonsoort, net zo onecht als een glazen ring uit een kauwgomautomaat. Met drank op klonk haar lach oprecht. In de loop van die zaterdagmiddagen werden haar lach, haar stem en haar gezicht levendig en energiek. Ze leek gelukkig, echt levend; het was alsof ze dan zichzelf werd, het zelf dat ze zich wenste en waar ze voor gekozen had.

Pas jaren later drong het tot me door dat ook mijn vader dronken werd bij deze gelegenheden. Hij werd alleen maar steeds stiller en ging later op de avond met zijn rug tegen de muur op de grond zitten. Ten slotte viel hij dan in slaap. 'Papa beoefent de mystiek,' noemde mijn zuster dat, een dom blondje citerend uit een cartoon van Peter Arno. Ik kende die afbeelding, en ik wist dat de man die erop afgebeeld was, dronken was, maar dat mijn vader dat óók was, drong niet tot me door. Ik dacht dat hij moe was omdat hij zo hard werkte.

Overdag op werkdagen was mijn moeder kribbig en afwezig. Ze snauwde me af als ik haar irriteerde, soms zonder enige voor mij duidelijke reden; toch had ik het gevoel dat het mijn fout was. Even goed hoorde ik haar vaak zeggen dat ik een lieve, zoete baby was geweest en hoe gezeggelijk ik wel was. Ik maakte – dit in tegenstelling tot mijn zuster – nooit problemen. Ik sliep 's middags lekker lang, ik ging zonder moeilijkheden naar school; ik hield me koest en stelde geen vragen.

Als mijn moeder nuchter was, zag ze me amper staan. Als ze begon te drinken, verdween ik helemaal, net een soort spook uit een verhaaltje, een geest die met zijn omgeving probeert te communiceren maar geen enkel geluid kan voortbrengen. Een enkele keer slechts kwam ik in haar gezichtsveld terecht. Ze staarde dan naar me met een uilachtige blik, wendde zich vervolgens af en lachte om mijn verwarring alsof het afkeuring was, en zij met die afkeuring spotte. Door haar ogen zag ik me zelf als een keurig, saai burgertrutje, een contrasterende achtergrond voor háár vitale elan.

Een heel enkele keer was er in het weekend geen feestje en geen uitnodiging voor het een of ander. Als er niemand bij was en alleen ik ze kon horen, gingen mijn ouders drinken en ruzie maken. Op een avond – ik was een jaar of elf – hoorde ik het weer mis gaan en verzon ik een manier om de sfeer te redden. Ik verkleedde me in allerlei grappige kleren en smeerde make-up op mijn gezicht. Steeds verscheen ik in een nieuwe uitmonstering, zij klapten telkens en zo voorkwam ik de dreigende ruzie. Op de foto's die mijn vader die avond nam, zie ik er leuk en vrolijk bezig uit. Ik was wanhopig in paniek.

Mijn vader stond bekend om de sterke drankjes die hij voor zijn gasten mixte; ik stond er op een keer bij dat hij sterke drank mengde in een cocktail voor een vrouw die al een paar keer nadrukkelijk had gezegd dat ze ziek werd van alcohol. Op feestjes had hij de gewoonte, eigenlijk was dit een deel van zijn levensfilosofie, om de eerste paar drankjes extra sterk te maken, zodat het feest snel 'van de grond' kwam.

Toen ik studeerde, vroeg ik hem ooit om wat dexidrine als hulpmiddel bij de studie. Dat was de mythe van onze verstandhouding: open, volwassen, oprecht in alles. Hij haalde een pot met tabletten uit zijn medicijnkastje in de badkamer. 'Deze heb ik voor Joe in huis gehaald,' zei hij. Joe was een goede vriend; mijn vader was nogal druk in de weer met diens vrouw. 'Joe is alcoholist,' vertrouwde hij me op gewichtige toon toe – de dokter familias die je heus geen leugens zal voorschotelen – 'dexidrine wil dan nog wel eens nuttig zijn.' Hij schudde wat tabletten uit de pot op zijn hand. 'Ik weet dat jij hier verantwoord mee om zult gaan,' zei hij tegen mij.

Over die dexidrine had hij een anekdote. Toen de stof voor het eerst op de markt verscheen, werd het als siroop gefabriceerd. Mijn vader had een fles van dat spul en mengde er op een feestje wat van door de punch. 'Dat feest kwam ècht lekker snel op gang!,' gniffelde hij, zich verkneukelend over de goede grap die hij weer had uitgehaald.

Toen ik een jaar of vijf was, namen mijn ouders me een keer mee naar een avondje bij vrienden. Waarschijnlijk hadden ze geen oppas kunnen krijgen; mijn zus ging vrijwel ieder weekend uit en bleef haast nooit bij mij. De kinderen van die vrienden waren jonger dan ik; zij gingen gewoon slapen in hun eigen bedden. Ik bleef, net als op de feestjes bij ons thuis, tussen de volwassenen rondhangen. Mijn moeder was in de keuken met die man, ik kon hen luid horen lachen en praten. De vrouw zat bij mijn vader op schoot in een grote, gemakkelijke stoel. Ze lag over de armleuningen en mijn vader hield haar losjes vast, een hand op haar dij. Zij droeg een dunne, zwarte jurk. Ze had een massa donker, golvend haar en grote, donkere ogen; een weelderig lichaam. Mijn vader zat met een dwaze grijns naar haar te kijken, de blik op oneindig net als de 'mysticus' op dat plaatje van Peter Arno. Ik zat tegenover hen aan de andere kant van de kamer te huilen. 'Wil je niet liever boven even gaan liggen?,' vroeg de man die mij hoorde snikken. Dat wilde ik niet. Misschien was ik bang voor wat mijn vader en die vrouw zouden doen als ik er niet meer bij zat. Ik bleef op de bank zitten huilen tot mijn ouders me mee naar huis namen.

Op dezelfde manier heb ik mijn vader eens naar mijn moeder zien kijken. Ik was toen een jaar of elf. Ze hadden druiven waar ze wijn van wilden gaan maken; mijn moeder zou het sap er met haar blote voeten uit persen. Ze droeg een T-shirt van mijn vader tussen haar benen geknoopt, om haar hoofd had ze een kleurige sjaal gebonden. Zo stapte ze in het grote vat. Ze sprak schril en onduidelijk en mijn vader staarde haar wazig aan, glimlachend met zachte, half geopende lippen. Dat had iets van hun tweeën moeten zijn, iets privé's, maar ze hadden mij gevraagd te komen kijken. Ik zat op de harde, stenen keldertrap fluit te spelen – zij wilden dat zo. Ik deed net of ik het leuk vond – zij wilden dat zo; maar ik voelde me heel, heel erg moe.

Mijn ouders dronken 's middags bier, cocktails voor het avondeten, en wijn tijdens en na het eten. Ze dronken goedkope wijn uit mandflessen. Ze gebruikten kleine, donkerblauwe glaasjes die ze vlak na hun huwelijk in Olvera Street in Los Angeles hadden gekocht. Na het eten stapelden ze de vuile borden in wankele torens op het aanrecht en verplaatsten zich naar de woonkamer, waar ze glas na glas na glas inschonken. Als er mensen op bezoek waren, werden er gesprekken gevoerd; het was mij zeer duidelijk dat het hier om een briljante, flitsende conversatie ging. Mijn moeder was bij dit soort gelegenheden constant in beweging. Jaren later schreef mijn vader: 'Voor mij was zij een volkomen nieuw soort, soms uitgelaten, soms diep ernstig; frivool en uit op pret; soms volkomen belangeloos gevend, soms spijkerhard eisend; glijdend van de ene stemming in de andere in zo'n duizelingwekkend tempo dat alle stemmingen een draaikolk leken te worden.'

Ik weet nog goed hoe haar 'zelf' was, op deze feesten: de driehoekige glimlach, de mondhoeken opgetrokken richting ogen; het ene oog, dat lager leek dan het andere. Het gezicht van een vreemde, niet van mijn moeder. Haar ware gezicht.

Als iedereen naar huis was, bleef er meestal één stel hangen; dat was het paar dat op dat moment in de gratie was. Met hen brachten mijn ouders hun vrije tijd door. Deze tandem-relaties duurden meestal een jaar of twee, dan verscheen er een ander favoriet stel aan de horizon. Mijn moeder en die andere man lachten zich schor terwijl mijn vader zachtjes in het oor van de vrouw zat te fluisteren. Mijn moeder stak dan haar hand uit naar de wijnfles, schonk zich heel zorgvuldig wat in en zette vervolgens heel beheerst de fles weer neer; ondanks haar beheerste bewegingen landde de fles dikwijls hoorbaar op tafel, omdat het tafelblad toch iets dichterbij was dan ze had geschat. In dat stadium was haar gezicht inmiddels zo zacht geworden als boter in de hitte. In het kaarslicht tuurde ze naar haar metgezel, de ogen half dicht, haar lippen vochtig en geopend, even pauzerend voor ze weer een nieuwe parel zou rijgen aan de diepzinnige conversatie die daar gaande was. Soms ging ze haar opponent verbaal te lijf en probeerde hem in het nauw te drijven. Soms rolde ze met haar ogen en kneep de lippen op elkaar, als om aan te geven dat ze een diep verdriet met zich droeg en toch dapper en moedig bleef; niemand kon zich een voorstelling maken van het leed dat zij had doorstaan.

Ik wist nooit hoe deze gesprekken afliepen, want vroeg of laat vroeg mijn moeder altijd tussen neus en lippen door aan mij of ik maar niet eens naar bed zou gaan. Ik ging dan naar bed, dat wilden ze graag, voor zover het wat uitmaakte wat ik wel of niet deed.

Toen ik op een avond thuiskwam van een schoolfeestje, zag ik mijn moeder zwaaiend en gierend van het lachen in de rondte dansen op de kurken vloer. Mijn vader en hun gast, een man die ik niet kende, moedigden haar aan. Zo erg had *ik* haar nog nooit gezien. Ik walgde ervan, ik walgde van haar. Ik perste mijn lippen op elkaar tot een smalle, afkeurende streep en sprak in korte, afgemeten zinnetjes over andere zaken; zoals we altijd deden als we boos waren. De volgende dag bracht mijn vader me met de auto naar school. Onderweg zei ik, met kloppend hart: 'Moeder was gisteren behoorlijk dronken.' Nog nooit eerder had ik in verband met een van hen het woord 'dronken' gebruikt.

'Er was niets met haar aan de hand tot jij thuiskwam,' zei hij. 'Ze was vrolijk, ze had plezier; toen kwam jij en bedierf het voor haar.'

'Ik ben bang dat ze een alcoholist is,' zei ik.

'Ze is geen alcoholist,' snauwde mijn vader kortaf, alsof hij naar een vlieg sloeg. Hij had evengoed kunnen zeggen dat ik uit zijn buurt moest blijven, dat hij meer dan genoeg aan zijn hoofd had, dat hij zorgde voor geld om kleren voor mij te kopen en dat het geen stijl was hem ook nog met dit soort gebeuzel lastig te vallen.

De rest van de weg bleef het stil. Toen we bij school kwamen, zat ik een beetje met de deur te prutsen. 'Doe die deur open, klotegriet!,' blafte hij me toe – de enige keer dat hij me uitschold voor iets anders dan 'stommeling'.

'Scheld me niet uit!,' schreeuwde ik, 'denk erom dat je me nooit meer voor zo iets uitmaakt!' Ik sloeg het portier met een klap dicht. Die avond maakte hij zijn excuses voor dat woord 'klotegriet'; dat was de enige keer dat ik hem ooit heb horen zeggen dat iets hem speet. De zorg die ik omtrent mijn moeder had, roerde hij niet aan; toen niet, nooit niet.

Tegen geen van mijn ouders sprak ik sindsdien ooit nog over drank. Pas dertig jaar later, toen mijn vader dood was, kwam het onderwerp weer ter sprake. Ik zat met mijn moeder te lunchen in een restaurant en ze zei: 'Wat ben je toch stil.'

'Ik wilde je iets vragen.' Ik wachtte even en het bleef een poosje stil tussen ons. 'Heb jij je wel eens afgevraagd of papa misschien een drankprobleem had?'

'Ik heb maar drie keer meegemaakt dat hij zichzelf niet goed meer in de hand had,' antwoordde ze, 'drie keer in veertig jaar.' Haar stem klonk vast en duidelijk, zoals een volwassene tegen een andere volwassene spreekt. 'Hij heeft ooit eens tegen me gezegd dat hij het op prijs stelde dat ik met hem mee dronk... Waarom vraag je dat eigenlijk? Ben je bang dat je jongens iets geërfd hebben?'

'Nee, ik vraag ernaar omdat jouw drinkgewoonten, die van jou en die van papa, voor mij een probleem waren.'

'Het moet vreselijk geweest zijn,' zei zij met dezelfde volwassen intonatie.

'Ja,' zei ik, 'dat was het.'

Ze vroeg me niet om uit te leggen hoe vreselijk het dan wel was geweest. In de 37 jaar dat ik hem heb gekend, heb ik mijn vader heel wat vaker dan drie keer ongecontroleerd bezig gezien, ten minste als je daar ook scheel kijken, een aapachtige grijns, onduidelijk mompelen en een wankele manier van lopen toe rekent. Toen ik eens een paar dagen thuis was van de universiteit, hoorde ik zijn stem in de slaapkamer, zó schril dat het bijna falset was, tegen mijn moeder gillen: 'Laat me met rust! Laat me met rust! Laat me met rust!' Ik ging met ze praten en voelde me na afloop heel tevreden dat ik ze zo goed had gekalmeerd. De volgende avond hoorde ik hem weer gillen: 'Laat me met rust! Laat me met rust!' Ik deed niets.

Met Thanksgiving, Kerst en andere grote familiebijeenkomsten maakte mijn vader voor iedereen altijd behoorlijk koppige drankjes klaar. Misschien werd dat erger naarmate ik ouder werd, misschien begon het me ook steeds meer op te vallen. Ik herinner me het laatste feestje dat we hadden voor mijn zuster stierf; ik was toen 22. We zaten rond een tafel met een blad van spiegelglas, gedekt met zuiver zilver en porselein met

33

platina randjes. Het was in het huis van mijn zus en haar man, maar mijn vader had de drankverstrekking op zich genomen, met overgave.

Iedereen raakte steeds meer dronken – er was zelfs iemand die op zeker moment van tafel rende – en we speelden, kijkend door het glazen blad naar onze voeten en de grond, dat we optraden in de *Ozzie en Harriet show*. Na het eten fluisterde mijn vader obscene Spaanse woorden, het enige Spaans dat hij kende, tegen de huishoudster van mijn zus, een Mexicaanse katholieke dame van middelbare leeftijd.

Ter gelegenheid van een andere feestelijkheid kwam onze familie samen in het buitenhuisje van mijn ouders, in de bergen. Mijn zus was toen al een paar jaar dood. Ik was een vredessymbool voor hen aan het borduren. We schreven 1970 en mijn ouders voelden zich verbonden met de vredesbeweging en de toenmalige radicale jongeren. Mijn moeder zat te drinken. Haar uitdrukking was volledig naar binnen gekeerd, haar gezicht leek een draaikolk van emoties. Terwijl ik mijn naald door de stof dreef, sprak mijn moeder, deze psychotherapeutisch doorknede veteraan: 'Ik heb het gevoel dat jij je aan ons probeert te onttrekken.'
In ons gezin was het tegen de regels om te praten over wat er echt gaande was. Ik zei dus niet: 'Ik wil zo ver mogelijk bij je uit de buurt blijven als je drinkt.' Nee, ik zei: 'Ik vind borduren gewoon erg leuk.' Van binnen schreeuwde ik: 'Ik haat je! Ik haat je!'
Die nacht droomde ik dat mijn moeder mij met een mes in stukken sneed, ik had ook een mes en sneed háár in stukken. Tegen zonsopgang werd ik wakker, trillend van angst. Ik rende het huis uit, langs het pad naar de waterval. Hijgend stond ik daar; ik tuurde in het heldere, stromende water en ademde met diepe teugen de prikkelende houtgeur in.
Tegen beter weten in probeerde ik te ontsnappen aan mijn gevangenis van pijn en razernij.

Zusters

Mijn vroegste herinnering aan mijn zusje is het beeld dat we samen in de grote kring staan bij het strijken van de vlag op de militaire basis. Het is niet meer dan de vage notie dat ze naast me staat, groot en plechtig als alle andere grote en plechtige omstanders. Zij was toen dertien en ik twee. Het was tijdens de Tweede Wereldoorlog en wij woonden in het garnizoen in San Francisco waar mijn vader was gestationeerd voor hij werd uitgezonden naar de Stille Oceaan. Zij had daar een soldaat als vriendje, Fargo, met wie ze naar de filmvoorstellingen op het terrein ging. Na afloop liepen ze dan samen naar huis. Zij verborg zijn bestaan niet voor mijn ouders, maar sprak er evenmin over. Mijn vader kwam er achter en liet de soldaat weten dat één woord van hem aan de commandant voldoende was om hem binnen het uur te laten overplaatsen. Mij leerde hij een 'klein grapje': 'Hoe doet het hondje dan?'
'Waf, woef,' was mijn antwoord.
'En hoe doet het poesje dan?'
'Het poesje doet miauw, miauw.'
'En hoe doet Fargo dan?'
'Grr, grr!,' zei ik triomfantelijk, 'Fargo is een wolf!'
Rond het huis waar wij toen woonden, nam mijn vader foto's van mijn zus. Zij poseerde in badpak of in een shirt van mijn vader. In zo'n tot haar dijen afhangend shirt leek het net of ze verder naakt was. Op sommige foto's kijkt ze een beetje pruilerig, op andere lacht ze. Op allemaal ziet ze er heel mooi en sexy uit, en veel ouder dan dertien.
Op de foto's die mijn vader van haar heeft genomen, glimlacht ze een beetje wrang. In het echt zag ze er vrolijk uit, maar voor de camera kwam ook een zekere bitterheid naar buiten, die mij opviel. Al heel jong had ik dat in de gaten. Ik vroeg me vaak af wat dat toch te betekenen had en wilde graag dat mijn zusje gelukkig zou zijn.
Zij was geen kind van mijn vader, een feit dat ik overigens pas jaren later te weten kwam. Mijn moeder was jong getrouwd, snel weer gescheiden, en was toen terug naar huis gegaan. Niet naar haar moeder – die overleed toen ze zes jaar was – maar naar haar grootmoeder.
Oma had mijn moeder opgevoed, en voedde nu ook mijn zus op terwijl

mijn moeder haar studie afmaakte, naar San Francisco verhuisde en een baan kreeg. In de weekends zag mijn moeder haar dochter, maar verder groeide mijn zus op met dezelfde familie als mijn moeder had gehad: oma, opa, overgroot-oma, tante Gertrude en oom Julius. Toen mijn zus vier was, trouwde mijn moeder met mijn vader; toen ze acht was, kwam ze bij hen wonen.

Toen zij dertien was en ik twee, werd mijn vader uitgezonden en verhuisden wij naar een appartement met tuin vlak bij de oceaan. Negen maanden later kwam hij terug. In uniform stapte hij de voordeur binnen, zijn gezicht glad en rond nu de snor die hij voorheen had, was afgeschoren. 'Vader,' riep ik. 'Noem jij hem *zo?*,' vroeg mijn zus minachtend. 'Wat zeg jij dan?,' vroeg ik, hevig blozend over mijn faux pas. 'Papa!,' antwoordde ze, op een toon alsof niets meer voor de hand kon liggen dan dat.

Toch had hij haar, zo ontdekte ik jaren later, geleerd hem 'vader' te noemen – dit ter onderscheiding van haar echte vader tegen wie ze 'papa' zei. Tot dat moment hadden wij altijd allebei 'vader' gezegd. Welk wonderlijk effect hoopte zij te bereiken met deze andere aanspreektitel? Probeerde ze hem iets te zeggen? 'Ik wil dat je nu een echte papa voor me wordt. Ik wil die dingen niet meer doen, die we deden voor je wegging.' Was dat het wat ze hem duidelijk wilde maken? In dat geval is de boodschap niet tot hem doorgedrongen, of heeft hij besloten er geen acht op te slaan.

Op een dag zat ze met een stel vrienden in de achtertuin. Uit een hoog glas dronk ze een koud, koolzuurhoudend, donker drankje. 'Mag ik een slokje?,' vroeg ik. Ze hield me het glas voor en ik nam een slok. Ik vond dat het lekkerste dat ik ooit had geproefd. 'Wat is het?,' vroeg ik. 'IJswater,' zei ze, rammelend met de ijsblokjes in haar mond; terwijl ze dat zei, keek ze niet naar mij, maar over mijn hoofd heen, half glimlachend, naar haar vrienden.

Die avond kwam mijn vader bij me zitten toen ik in bad zat; ik vroeg hem of hij wat ijswater voor me wilde halen. Hij kwam terug met een glas koude, heldere vloeistof. Het leek niet op wat ik in gedachte had, maar ik nam een slokje. 'Dat is geen ijswater!,' schreeuwde ik. Buiten mezelf van woede begon ik te krijsen. Hij probeert me erin te laten lopen, dacht ik. Eindeloos heb ik gehuild om die verloren zoete smaak, die ik eens had geproefd en nu voor altijd verloren waande.

In ons volgende huis, in een voorstad, nam mijn vader foto's van mijn zus vanuit de deuropening van haar slaapkamer. Zij stond dan naakt voor de spiegel van haar toilettafel. Ik wist ervan – sommige van die foto's waren in het fotoalbum geplakt en ik hield mezelf voor dat het kunst was, net als schilderijen in een museum.

Ook in dat huis zie ik voor me hoe mijn zus, toen vijftien, bovenaan de trap stond; onderaan stond mijn moeder, op de kale, houten vloer uitzinnig te krijsen, ze was haast buiten zichzelf van razernij. Ik was toen vier. Waar het allemaal over ging weet ik niet, maar ik schuifelde naar mijn moeder en zei: 'Ik word nooit zoals zij, mama.' En dat werd ik ook niet, al was ik in feite heel jaloers op de schoonheid en makkelijke omgangsvormen van mijn zus. Als ik de kans had gehad, was ik wel geworden zoals zij. Maar in het gezin hadden wij verschillende rollen: zij kwam in opstand, in de hoop dat onze moeder enige aandacht aan haar zou schenken. Ik probeerde juist te behagen, in de hoop dat ik wat aandacht zou krijgen. Geen van beiden hadden we succes.

Ik had in die tijd twee goudvissen, mijn eerste huisdieren. Mijn vader gaf ze de namen 'Penny' en 'Kat', naar mijn zus Pat en haar vriendje Kenny. Later hadden we een hond, een teef. Mijn vader noemde haar Joey, naar mijn zus haar vriend Joe.

Hij zag graag dat mijn zus heel veel vriendjes had; die had ze dan ook. Later wilde hij voor mij hetzelfde; ik had ze ook.

'Wanneer je naar het altaar loopt en aan de andere kant je bruidegom ziet staan, is het vroeg genoeg om aan 'vaste verkering' te gaan denken,' zei hij altijd; en altijd in dezelfde melodramatische cadans en met een voor de gelegenheid aangedikt zuidelijk accent. Dit aforisme gold soms als argument wanneer ik enige ethische reserve naar voren bracht – een klein beetje trouw mag een vriend met wie je omgaat toch wel verwachten? Nee, zei mijn vader, wanneer je naar het altaar loopt... Als er een jongen aan de deur stond voor mijn zus, en later voor mij, zat mijn vader zich in de keuken te verkneukelen. Arriveerde een tweede jongen terwijl de eerste er nog was, dan begon hij te gnuiven van plezier. Soms waren er drie of vier jongens tegelijk in huis, dan was mijn vader haast buiten zinnen van de pret.

Geregeld moesten wij luisteren naar wat hij lessen in 'lijmen met de natte vinger' noemde. We moesten daaruit leren hoe we een man om onze vinger konden winden. Een voorbeeld: 'Loop hem achterna tot hij notitie van je neemt; dan neem je als een haas de benen, hij zal zeker achter je aankomen.'

Hij noemde al onze vriendjes 'mannen', al waren ze nog te jong om zich te scheren. 'Je man' – dat was de vaste term voor iedere jongen, hoe kalverig en groen ook.

Pat, begin dertig.

Mijn vaders lievelingsfoto van mij, 16 jaar oud, 1958.

Toen mijn zus zestien was en ik vijf, was er een jonge arts in opleiding op de afdeling van mijn vader. Hij vroeg mijn ouders mee uit eten. 'Ik neem mijn dochter mee,' zei mijn vader tegen hem, 'ik probeer haar aan de man te brengen.' Wanneer hij dat verhaal later te berde bracht – en dat deed hij graag – vertelde hij er altijd bij hoe Nate links en rechts in het ziekenhuis had rondgevraagd of mijn zus soms lelijk was. En hij verzuimde nooit te vermelden hoe Nate verbijsterd was door mijn mooie zus, en dat hij nooit had gedacht dat ze nog op de middelbare school zat.

Mijn vader zei tegen ons dat Nate Gus heette. Het duurde heel lang voor ik achter zijn echte naam kwam, maar tegen de tijd dat onze hond Joey jonkies kreeg, moet ik het geweten hebben. Ik noemde de jonge hondjes naar puppies die ik in een bibliotheekboek was tegengekomen: Lucky, Sugarplum, Star en Mouse. Mijn vader gaf een van de kleine hondjes, een vrouwtje, een andere naam: Natina.

Toen mijn zus eindexamen deed – zij was toen achttien en ik zeven – nam mijn vader een foto van de ontmoeting tussen Nate en Jimmy, de schoolvriend van mijn zus. Op de foto zie je hoe ze elkaar de hand schudden; de jongen maakt een zelfingenomen en arrogante indruk, de man kijkt verschrikkelijk chagrijnig.

Mijn vader had een foto van mijn zus die ik nooit had gezien; ik kreeg die foto pas onder ogen toen ik volwassen was, en mijn zus al dood. Ze zit daar in een grote, makkelijke stoel; netjes aangekleed met een Schotse rok en een witte blouse. Ze kijkt in een boek dat op haar schoot ligt. De titel van dat boek luidt: *Salome: My First Two Thousand Years of Love*. Tegen de tijd dat ik die foto te zien kreeg, wist ik dat Salome het kind was uit de bijbel dat door haar moeder was aangezet om te dansen voor koning Herodes en als beloning het hoofd van Johannes de Doper te vragen.

De macht lag in ons gezin bij mijn vader, maar hij zag zichzelf als zwak. Wij waren zijn dolende ridders, uitgezonden op een romantische queeste om zijn vijanden te veroveren en te vernederen: onze vriendjes.

Mijn vader had er het grootste plezier in ons een verhaal te vertellen over een vriend – een 'klootzak' zoals mijn vader hem typeerde – die een keer op bezoek kwam toen mijn zus een jaar of zeven was en een weekend bleef logeren. Mijn zusje zat bij die man op schoot en keek hem met haar grote, blauwe ogen aan, verlegen glimlachend. Pas toen de man opstond om te vertrekken ontdekte hij dat mijn zus met een klein nagelschaartje alle knopen van zijn jas had geknipt.

Ik herinner me een avond die mijn zus en ik samen doorbrachten. Het was in de zomer voor ze naar de universiteit vertrok, zij was achttien, ik zeven. Onze ouders waren weg en wij zaten samen in de woonkamer. We luisterden naar de radio – *Inner Sanctum* en *The Sealed Book* – terwijl zij merkjes op haar lakens naaide. We zaten onafgebroken te praten, en op zeker moment zei zij: 'Weet je, je bent nog maar een klein meisje, maar je hebt hele goeie ideeën. Ik zal je missen als ik weg ben.' Haar jaloersheid stopte ze niet weg: ik wist dat ik het favoriete kind was, en ik wist dat zij dat ook wist, zelfs al voor ze me had verteld hoe pijnlijk en kwetsend het was geweest dat ze tot haar achtste jaar niet bij mijn ouders had gewoond. Maar meestal was ze heel lief tegen mij; ze informeerde naar mijn opvattingen, luisterde naar wat ik te zeggen had en interesseerde zich voor mijn leven. In haar gezelschap voelde ik me een echt mens.

Toen ze was vertrokken liep ik altijd met haar eindexamenfoto rond. Een massa blond haar, grote ogen, die ambivalente glimlach: 'Ze lijkt wel een filmster,' riepen mijn vrienden als ze die foto zagen. Als ze opbelde, moest ik huilen en was ik niet in staat met haar te praten. Eens had ik van tevoren een gesprek voorbereid en op papier gezet, maar toen zij zich niet aan de tekst hield, wist ik niet meer wat ik moest zeggen en begon ik weer te huilen.

Op de universiteit had ze meteen verkering met twee jongens tegelijk, een van het dispuut Kappa Sigma, en een van Sigma Chi. In de annalen van onze familie heet het dat zij werd verkozen werd tot Prinses van Sigma Chi. Die vereniging werd gestraft voor een of andere streek en zo ging dat feest niet door en werd mijn zus voor ontdekking behoed.

Toen zij uit huis was, maakte mijn vader een foto van Nate, liet die vergroten tot meer dan levensgroot en bevestigde hem op een grote, zwartwit geruite doek. Dat doek scheen door Nate's gezicht heen. Een en ander werd gevat in een krankzinnig grote lijst en naar mijn zus opgestuurd. Een aantal jaren later deed hij iets soortgelijks bij mij: hij verving een foto van mijn schoolvriendje in uniform door een krantenknipsel van een bulldog in soldatenpak. Ter vervanging van de bloemrijke, Spaanse volzin op het origineel had mijn vader op de foto van de hond gezet: '*Siempre, Manuel*'. Ik schoot in de lach toen ik het zag, mijn vader hoorde me lachen en kwam naar me toe. We hadden er samen plezier om, mijn papa en ik, *still crazy after all those years*.

De dag voor het huwelijk van mijn zus en Nate hoorde ik dat zij geen kind van mijn vader was. Ik was toen negen. 'Waar is Pat?,' riep ik, het huis doorzoekend, 'Waar is Pat?' Mijn moeder zette me op de bank in de woonkamer en kwam naast me zitten. Met gemaakte, hoge stem – de intonatie die ze reserveerde voor antwoorden op vragen als: 'Wat is een bidet?,' vertelde ze me dat het kan gebeuren dat een man en vrouw met elkaar trouwen en er dan achter komen dat het niet goed gaat. Dan besluiten ze niet langer met elkaar getrouwd te willen zijn. Dat was haar, mijn moeder, overkomen, en zo bleek dat mijn zus, naast onze papa, nog een andere, eigen papa had. Daar was ze nu heen, naar die echte, eigen papa. Nooit had ik iets van het bestaan van deze andere vader vermoed. Ik begreep dat het om een belangrijke mededeling ging, dat kon ik horen aan mijn moeders stem, maar het belang ontging me en het kwam niet bij me op te vragen hoe vaak ze die andere vader had gezien, of hij cadeautjes stuurde met haar verjaardag, of hij langs was geweest toen ze in het ziekenhuis lag voor haar blindedarm. Die andere vader interesseerde mij helemaal niet. Zij was mijn zus, ik was haar zus, en zo zat dat. Dat had helemaal niets van doen met het aantal vaders dat zij mogelijk had.

Op een avond een poosje voor het huwelijk zat ik me er over te verwonderen dat alle vrouwen de naam van hun man aannemen als ze trouwen. Waarom niet andersom? 'Nate Ervin, Nate Ervin,' zei ik hardop, de klank van die combinatie proevend. Nate hoorde me en nam me even terzijde. 'Als je zo over een man praat is het net of je hem uitscheldt,' zei hij ruw maar niet onvriendelijk. 'Nu begrijp je dat nog niet, maar als je groter wordt zal je het wel snappen.' Terwijl de jaren verstreken schoten zijn woorden me zo nu en dan te binnen en ik vroeg me telkens af wanneer ik groot genoeg zou zijn om hem te begrijpen.

Ze trouwde in september, op de verjaardag van mijn vader. Die hele zomer had ik lopen blaten dat *ik* haar kamer kreeg, en haar telefoon! Maar toen zij en Nate, na de receptie, in de auto stapten en wegreden, kon ik niet ophouden met huilen. Zij was voor altijd verdwenen, zo voelde ik het, en ik was achtergebleven bij mijn ouders.

Ze waren echter al snel weer terug en logeerden een paar dagen bij ons voor ze verhuisden naar een klein plaatsje waar Nate zijn klinische opleiding zou voltooien. Op de ochtend dat ze zouden komen, maakte mijn vader belletjes aan het spiraal van het logeerbed in mijn vroegere slaapkamer. Hij had het daar nog jaren over. Op dat moment begreep ik de grap er niet van, maar ik wist wel dat het geacht werd een grap te zijn. Als hij het er over had, lachte ik dus.

Nate en mijn zus woonden een aantal jaren in dat plaatsje. Daarna kwamen ze, zij was toen 22 en ik 11, terug naar Burlingame. Nate was toen zo ver dat hij een eigen praktijk kon beginnen, net als mijn vader. Ze hadden het krap, Nate had weinig patiënten en daarom woonden ze zo lang bij ons in de oude 'hobbykamer' tot ze op streek zouden zijn. In die tijd kibbelden mijn zus en ik – verder is dat nooit voorgekomen. Aan tafel zat ze op me te vitten, in mijn ogen, en ik stond dan op, heel waardig, en vroeg of ik verder geëxcuseerd mocht worden. Bovenaan de trap bleef ik staan luisteren hoe ze mijn moeder aanspoorde eens iets te doen aan mijn erbarmelijke manieren en weerzinwekkende eetgewoonten. 's Morgens was het wel gezellig. Wij stonden op en ontbeten samen als mijn vader al weg was naar zijn praktijk en mijn moeder nog sliep. Alleen wij tweeën, ieder met een zacht gekookt eitje. Ze bleven een jaar bij ons en verhuisden toen naar een klein appartement nog geen tien minuten verderop. Van toen af ontbeet ik alleen.

In die zomer dat zij 24 was en ik 13 waren we een keer een hele dag in een recreatiecomplex met een paar stevig drinkende vrienden van mijn ouders. We zwommen tot het allang donker was en kropen toen allemaal in een paar auto's om het feest bij iemand thuis voort te zetten. Mijn vriendin Gail Ann en ik zaten achterin bij iemand, Nate zat voorin. Iedereen was nog steeds in badpak. Terwijl we door de donkere, kronkelende straten reden, reikte Nate over de voorbank naar achteren en stak zijn hand bovenin mijn badpak. Ik trok zijn hand eruit en probeerde te verhinderen dat hij verder aan mij kwam. Hij wurmde zijn hand omlaag tussen mijn benen. Met twee handen uit alle macht duwend, hield ik hem een beetje op afstand. Met zijn dikke, stompe vingers graaide hij tussen mijn dijen en plukte aan het kruis van mijn badpak. Eindelijk kwamen we bij het huis aan en hield hij op. Later vertelde ik het aan Gail Ann; we rolden met onze ogen naar elkaar en wisten even niet wat we zeggen moesten. Daarna hadden we het er niet meer over en ik vertelde het ook niet aan iemand anders tot veel later, toen ik het aan mijn eigen man vertelde.

Jaren na de dood van mijn zus, toen ik al achter in de twintig was, vertelde mijn vader mij dat Pat verhoudingen had gehad, en Nate ook. Ik weet overigens niet hoe mijn vader dat wist. Ze was altijd een wilde geweest, zei mijn vader. Op de middelbare school was ze zwanger geraakt en mijn vader had er een gigantische klus aan gehad iemand te vinden voor een abortus, wat toen nog illegaal was. Toch was het hem gelukt, vertelde hij, al kon er bij mijn zus geen bedankje af. Filosofie of literatuur hadden haar nooit kunnen boeien, anders dan bij de rest van de familie, zei hij; zij was heel materialistisch. Hij schilderde haar af als een kwaadaardige intrigante, bijna een hoer. Graag vertelde hij dat ze beweerd zou hebben dat zij niet hoefde te studeren omdat ze zo mooi was en toch zo een man zou vinden om voor haar te zorgen. Mijn vader was trots op zijn repliek: 'Het enige wat schoonheid je oplevert, zijn likdoorns op je kont.'

Nog niet zo lang geleden kwam ik er achter dat mijn moeder die abortus heeft geregeld, niet mijn vader. Ik vraag me af wat voor leugens hij me nog meer heeft verteld, en of hij nou zelf geloofde dat zij zo'n vals loeder was, of dat hij meer wilde dat *ik* haar zo zou zien. Zeker is dat hij nooit heeft erkend dat hij het was die haar heeft geleerd mannen uit te buiten. Nate en mijn zus raakten bevriend met een ouder stel en al snel brachten ze al hun vrije tijd met zijn vieren door. Ze aten in sjieke restaurants – Nate zat niet langer krap in zijn geld en Max was rijk – dronken in dure nachtclubs en reisden naar vakantieoorden. In de zomer dat zij 30 was en ik 19, leende ze een jurk van me voor een weekendje uit dat een paar dagen later zou plaatsvinden. Nate ging naar een medische bijeenkomst, vertelde ze me, en zij ging een vriendin in San Diego opzoeken. Ze was niet van plan Nate over haar uitstapje te vertellen, zei ze, en ik moest er dus ook maar over zwijgen. Ze diste me een voor de hand liggende reden voor deze geheimzinnigheid op, die ik meteen weer vergat. Een dag of twee later zaten we aan tafel, toen ze mij een compliment maakte over iets wat ik aan had. 'Dat kun je ook wel meenemen naar San Diego,' zei ik. Op dat moment moet ik er betrapt en verschrikt hebben uitgezien. 'San Diego?,' zei Nate. Ze was natuurlijk van plan daar Max te ontmoeten, iets waar ik op dat moment geen flauw vermoeden van had. Ik had zonder meer aangenomen dat wat ze zei waar was. Boos op me was ze niet; het was niet eerlijk van haar, zei ze zelf, om mij op te zadelen met zo'n geheimhoudingsplicht. Op een dag nodigde ze me uit om met haar te lunchen in Sausolito. Onderweg stopten we op de parkeerplaats van een motel. We stapten uit de auto en in die van Max, die op ons had staan wachten. Hij nam ons mee naar een zonovergoten restaurant met uitzicht op de jachthaven; de kelners behandelden hem als de miljonair die hij was. Hij en mijn zus keken elkaar diep in de ogen en tegen mij zei hij, met zijn Russische accent: 'Ik hou van deze vrouw.' Ze had me toen al verteld dat ze niet gelukkig was met Nate en ik hield mezelf voor dat wat hier gebeurde allemaal heel erg spannend en romantisch was.

Ze huurde een huis aan de Nevada kant van Lake Tahoe en woonde daar in de zomer. Officieel heette het dat dit een vakantie betrof en dat Nate de weekends overkwam; dat deed hij trouwens inderdaad, maar evenzeer was het waar dat Pat bezig was met de voorbereidingen voor een scheiding in Nevada.

Op een weekend was ik bij haar op bezoek. Na het eten zat Nate in de woonkamer op de bank, terwijl Pat in de slaapkamer op bed lag te telefoneren met Max. Hij dreigde de auto te nemen en langs te komen om Nate met de situatie te confronteren, en zij smeekte hem om dat niet te doen. Snikkend probeerde ze hem van zijn plan af te houden, en ik liet onderwijl de douche lopen zodat Nate het allemaal niet zou horen. Veel wist ik er niet van, maar wel genoeg om te beseffen dat Max genoegen schepte in haar tranen.

Max kwam inderdaad langs, toen Nate vertrokken was, en toen ik terug moest, reed hij me door de bergen naar het vliegveld van Reno. Hij nam de bochten op volle snelheid met zijn enorme Cadillac. Ik hield me krampachtig vast aan de gacapitonneerde handgreep en bad. Hij keek naar me en glimlachte.

Aan het eind van de zomer reed mijn zus op een dag naar Reno en liet het huwelijk ontbinden. Ik was thuis toen ze opbelde vanuit Tahoe. Ze huilde en wilde mijn vader spreken. Hij weigerde aan het toestel te komen. Hij zat in zijn grote, makkelijke stoel in de woonkamer en gaf gewoon geen antwoord toen ik hem smeekte mijn zus te woord te staan.

Het jaar daarop trouwde ze met Max. Ik was haar bruidsmeisje en haar meest intieme vriendin, en toch sprak ze in de daarop volgende maanden slechts heel vaag en in algemene termen over Max' jaloersheid en haar eigen somberheid. Een week voor haar dood belde ze me op en zei dat ze bij hem weg wilde, maar bang was dat hij haar niet zou laten gaan. Ze had zelf geen geld en was volkomen afhankelijk van mannen, 'haar mannen' – haar hele leven al. Misschien dacht ze dat haar enige kans lag in het vinden van een nog rijkere man die haar zou kunnen redden; een nog machtiger, akeliger en agressiever mens dan Max. Zo had Max haar gered van Nate; zo had Nate haar misschien gered van mijn vader.

Op een avond haalde Max, op een smalle landweg in de schemering, een andere automobilist in, en reed daarbij zijn grote Cadillac frontaal op een andere auto. Ze waren allebei dood. Zij was 33 en ik was 22. Huilend viel ik in slaap, en huilend werd ik weer wakker, steeds opnieuw en nacht na nacht. Nog maanden en jaren later gebeurde het dat iets me aan haar herinnerde en ik me opnieuw mijn verlies bewust werd en in tranen uitbarstte. Want al hadden we nooit gesproken over het drinken van onze ouders, al hadden we nooit gesproken over het versierdersgedrag van mijn vader in het openbaar, en evenmin over de dingen die hij ons in het geheim had aangedaan, zij was toch mijn bondgenoot. Zij was de enige mens ter wereld die wist hoe het was om met mijn ouders te leven.

44

Bij de herdenkingsdienst was de kerk overvol en daarna stonden we voor ons gevoel urenlang achterin tot iedereen ons had geknuffeld en gezoend. Toen gingen we terug naar huis en kondigde mijn vader aan dat de tijd van rouw nu voorbij moest zijn. 'Tijd om het boek dicht te slaan,' zei hij fronsend en met die beheerste, boze toon die beduidde dat we maar beter niet met hem in discussie konden gaan.

Seks

Het was 1960. Ik was 18 en voor de zomer terug naar huis, na mijn eerste jaar aan de universiteit. Mijn vriendje oefende druk op me uit om met hem naar bed te gaan en op een avond ging ik bij mijn ouders zitten en zei: 'Jullie hebben me nooit verteld wat jullie van seks voor het huwelijk vinden. Hoe staan jullie daar eigenlijk tegenover?' Al zei ik dat niet met zoveel woorden, in feite vroeg ik hun mij een reden te geven om te weigeren met die jongen naar bed te gaan. Ik kreeg alleen maar abstracte redeneringen te horen waar ik niets mee opschoot en soms zelfs niets van begreep. Ik hoorde zinnetjes als: 'Wanneer twee mensen van elkaar houden en de tijd er rijp voor is...'

Ik begon te huilen. 'Maar wat moet je zeggen als iemand wil dat je met hem naar bed gaat?,' snikte ik. 'Dan zeg je gewoon: "Dat wil ik niet",' zei mijn moeder vol vertrouwen.

Dat was nou net wat ik niet kón zeggen wilde ik de bewering van mijn vriendje dat ik een preuts, frigide wicht was, en geen echte vrouw, niet waar maken. Ik wist dat er iets heel erg mis was met mij omdat ik niet van seks hield.

De ergste vraag – die ik niet aan mijn ouders durfde stellen – was wat te zeggen als je *wel* wilde. Het idee aan wie dan ook toe te geven dat ik misschien ooit op een dag zou willen dat iemand me *daar* aanraakte was te vreselijk. In elk geval speelde het geen enkele rol in mijn overwegingen. Ik wilde niet naar bed met mijn vriendje, maar als ik geen goede reden kon vinden om het niet te doen, zat er weinig anders op dan het maar te doen.

Later kwamen mijn ouders ieder apart bij me om eens ernstig te praten. Mijn moeder hield me voor dat ik er goed over moest nadenken voor ik aan iets begon. Mijn vader zei dat er niets mis was met seks voor het huwelijk maar dat je wel moest zorgen dat je een behaaglijke, geborgen plek had; een bed dus, niet de achterbank van een auto. En ik moest natuurlijk aan anticonceptie denken. 'Je man,' zei mijn vader, 'moet een condoom gebruiken,' en ik moest zaaddodende pasta hebben; hij schreef het merk voor me op, Ortho-Gynol. Na de eerste keer moest ik naar een dokter gaan, hij schreef een naam voor me op, en me een pessarium laten aanmeten.

Ik bracht over dit alles verslag uit aan mijn vriend en een week later waren we onderweg naar een motel. Eerst hadden we bij een drogist condooms en Ortho-Gynol gehaald. Ik beleefde geen plezier aan de ervaring, ik wilde dat ik het niet had gedaan, en ik hoopte dat het niet weer zou hoeven. Nu ik een eerste keer had toegegeven, was ik bang dat ontsnappen nog moeilijker was geworden. De volgende nacht kroop ik, overmand door schuld, bij mijn vader in bed tegen zijn naakte lichaam aan, zoals ik zo vaak op zondagmorgen had gedaan, en vertelde hem wat ik had gedaan.

Mijn moeder was een paar dagen naar een vriendin; mijn vader en ik waren dus alleen thuis. Hij probeerde me te troosten door te herhalen dat er niets verkeerd was aan seks voor het huwelijk en door me te vertellen dat mijn moeder en hij zes maanden hadden samengewoond voor ze trouwden. Op een of andere manier was dit weinig geruststellend: het idee van samenwonen en trouwen met mijn vriend was weinig aanlokkelijk, om geen andere termen te gebruiken.

Bovendien was er iets met zijn intonatie... Er schoot mij een gesprek te binnen dat niet zo lang daarvoor had plaatsgehad aan tafel. Een vriend – een jongen dus, maar geen 'vriendje' – had mijn vader gevraagd wat hij van seks voor het huwelijk vond. Mijn vader had uiteengezet dat er niets verkeerd aan was 'als twee mensen van elkaar houden en de tijd er rijp...'. Daar stopte hij even. 'Maar ik moet toegeven, als ik daarbij aan *mijn* Betsy denk...' Hierbij huiverde hij.

Nu, bij hem in bed, terwijl hij me vertelde dat ik echt niets fout had gedaan, leken zijn woorden bedoeld om me te troosten, maar de toon maakte me duidelijk dat ik hem had verraden.

Ik kroop uit het bed en ging naar mijn eigen kamer. Daar vond ik geen rust, dus ik ging weer terug. 'Ik heb buikpijn,' zei ik, 'ik voel me helemaal opgeblazen. Wat kan ik daar aan doen?' Hij was tenslotte dokter. Hij stelde een klysma voor en pakte het apparaat voor me uit de kast. Ik stond er een poosje mee in de badkamer te schutteren, maar wist niet hoe het moest. Ik ging weer naar zijn kamer. Ik had al mijn kleren uitgedaan zodat ze niet nat zouden worden, en ik had ze niet weer aangetrokken. Anders dan mijn moeder en mijn zus liep ik doorgaans niet makkelijk naakt rond, maar op dit moment had ik het gevoel dat ik door me aan te kleden zou tonen dat er iets was waar ik me voor had te schamen, of waar ik bang voor moest zijn.

'Ik weet niet hoe het moet,' zei ik. 'Ik zal je helpen,' zei hij.

Hij gaf me mijn klysma terwijl ik naakt op de vloer van de badkamer knielde.

'Het beeld dat hij van je heeft, klopt van geen kant'

Drie maanden nadat ik met mijn vriend naar bed was geweest, kreeg mijn vader een hartaanval. Hij schreef deze brief in de periode waarin hij aan het herstellen was. Buiten op de enveloppe schreef hij: 'Liefste Betsy, vandaag had ik zin om je een brief te schrijven die bedoeld is voor als je bijna gaat trouwen; al schrijvend heb ik me gerealiseerd dat dat wat prematuur zou kunnen zijn. Je mag hem nu meteen lezen, maar je kunt ook wachten tot je hem nodig hebt. Liefs, Papa.' Ik las de brief meteen. Ik wachtte niet tot ik hem 'nodig' had. Ik begreep niet waarom ik me na het lezen ervan zo wanhopig verlaten voelde.

Mijn liefste Betsy –
Deze vent van jou heeft in zijn hoofd en in zijn onderbewuste een beeld van jou dat volkomen onwerkelijk & irreeël is. Een deel van zijn liefde voor jou komt voort uit het feit dat jullie elkaar op het juiste moment hebben ontmoet & een deel komt voort uit jouw besef van dat beeld, ofwel omdat je het aanvoelt, sommige vrouwen kunnen dat, ofwel omdat je gewoon goed hebt geluisterd als hij het beschreef. In elk geval heb je hem ervan overtuigd dat jij in dat beeld past & binnenkort gaan jullie trouwen, om lief en leed te delen, zoals dat heet. Je hebt nu iets minder dan een jaar de tijd om hem te laten zien dat het fijn is thuis, dat het er prettig is, boeiend, soms een veilige haven & dat jouw logies & ontbijt de beste zijn. Dit zijn een paar van de ingrediënten van gehuwde liefde zoals die binnenkort de romantische liefde die je nu koestert, zal gaan vervangen. Er zijn nog andere ingrediënten die jij misschien beter zult leren kennen dan ik. Begin hem deze dingen echter nu meteen te leren, dan heb je kans dat hij zelfs nooit merkt dat je heel anders bent dan hij denkt & als hij het toch merkt, zal het met vreugde zijn & niet met bitterheid.
Hij is evenmin wat jij van hem denkt. Toch is de klus in de eerste plaats de jouwe – in dit stadium heeft hij van deze dingen nog geen flauw vermoeden – later misschien wel. Dit is een onderdeel

van het Blijspel Leven: de man moet altijd de hoofdrol hebben
maar de vrouw bereidt het toneel & leidt de man voor iedere scène
naar de juiste positie, zodat hij daar zijn dominante partij kan
blazen zonder fouten te maken – Freud is overal, en niet
toevallig & je zult wel merken dat jullie in bed het hele toneelstuk
naspelen.

Veel geluk, allebei
Liefs, Papa.

Nachtelijke verschrikkingen

Toen ik een kind van een jaar of zes, zeven was, lag ik 's nachts wakker en keek of de vlekjes op het plafond bewogen. Deden ze dat niet, dan waren het misschien geen spinnen. Bewogen ze wel, dan waren het spinnen die straks, als ik sliep, naar beneden en in mijn bed zouden kruipen. Ik stelde me voor dat zo'n spin terwijl ik sliep tussen mijn benen omhoog zou kruipen mijn vagina in; ik zou dat dan niet doorhebben, en als ik het wel wist, stond ik er nog machteloos tegenover: hoe hard ik mijn benen ook tegen elkaar perste, hij zou toch in me kruipen. Toen ik een tiener was, werd ik soms wakker en kon geen adem meer krijgen; soms overkomt me dat nu ook nog. Ik zit dan rechtop in bed naar adem te snakken, mijn keel zit bijna dicht en mijn hart klopt als een razende. Na mijn huwelijk droomde ik soms dat er messen omlaag kwamen vanuit het plafond, of dat spinnen zich langs hun zijden draden omlaag lieten glijden op het bed; soms week een barst in het plafond open en leek het of schilfers kalk omlaag zouden komen; soms hing er een lijk aan een touw boven mijn hoofd te draaien. Van bovenaf werd ik bedreigd. Dat soort dromen had ik, en ik kon niet begrijpen waar ze vandaan kwamen. Nu heb ik ze nog, maar nu weet ik wel waarom.

Toen in mij de angst begon te groeien dat mijn vader iets met mij had gedaan – ik wist niet precies wat – werden de dromen erger. Ik droomde dat mijn man er een geheim leven op nahield, waartoe hij zich toegang verschafte via het deurtje van zijn nachtkastje. Terwijl ik sliep, liet hij me in de steek, zodat ik alleen en kwetsbaar achterbleef, ten prooi aan de man die met zware stap de trap opkwam, steeds nader en nader, tot hij over het bed stond gebogen en zijn hand uitstak om me aan te raken, terwijl ik wanhopige pogingen deed om te doen of ik sliep.

Zelfs nu droom ik nog wel eens dat de man met wie ik in bed lig niet mijn man is, maar een vreemde. Die vreemde slaapt, maar zal dadelijk wakker worden. Hij heeft zich van mijn man ontdaan en diens plaats ingenomen in ons bed; hij heeft de macht. In mijn slaap heb ik me tegen hem aangedrukt in de veronderstelling dat hij mijn man was, maar dat is hij dus niet. Ik heb me schaamteloos gedragen door me tegen het naakte lichaam van een vreemde aan te drukken. Hij zal denken dat ik naar hem verlang; door me tegen hem aan te vleien heb ik hem het recht gegeven met mij te doen wat hij wil. Nu kan ik niet meer terug; ik heb mezelf vastgelegd. Ik wist niet dat hij een vreemde was, maar dat had ik moeten weten. Het is mijn schuld: ik heb hem toegelaten in mijn bed, ik heb me tegen hem aangedrukt. Ik heb niet het recht me te verzetten tegen wat hij wil. Ontsnappen is niet mogelijk.

Toen ik mij begon te herinneren wat mijn vader mij heeft aangedaan, begon ik te dromen dat ik vergeten had de honden eten te geven. Die droom heb ik nog steeds. Ik schrik ineens wakker; soms spring ik meteen uit bed en roep: 'O, God!' Soms denk ik dat de honden in de kast zitten; ze zijn zonder eten of drinken opgesloten en sterven van honger en dorst. Ik moet voor ze gaan zorgen, nu meteen!

Ik moet voor ze zorgen. Ik heb een dringende, onmiddellijke reden om uit bed te gaan, weg van onder de messen, weg van die naakte vreemdeling. Het is een geldig excuus: Het spijt me, ik kan je nu niet tussen mijn benen laten voelen, ik moet voor de honden zorgen. Het is een zaak van leven en dood, hun leven of dood. Als ik ze niet ga voeren, gaan ze dood. Dat begrijp je wel, ja toch? Jij laat die onschuldige honden toch niet lijden, nee toch? Dat zou niet goed zijn, niet aardig. Laat me dus gaan zodat ik ze eten kan brengen. En misschien ben jij dan wel verdwenen tegen de tijd dat ik terug kom. Of misschien hoort iemand me in de keuken en komt me dan helpen, dan ben ik niet meer alleen en hoef ik me niet meer te verdedigen met behulp van mijn verplichtingen jegens die honden.

Ik ben de honden: alleen in het donker, hongerig en dorstig en volkomen afhankelijk van de goede wil van de mensen die verondersteld worden voor me te zorgen; die vergeten hebben voor me te zorgen; die me alleen en hongerig en dorstig in het donker hebben achtergelaten.

Waarom zitten de honden in de kast? We hebben ze in huis gehaald om ons te beschermen tegen indringers – waarom vliegen ze de schoft niet naar de keel? Omdat ze hem kennen. Omdat ze afhankelijk van hem zijn, hij koopt hun voedsel; hij bepaalt of ze al dan niet mogen blijven. Hij heeft alle macht. Daarom vliegen ze hem niet naar de keel en slaan ze zelfs geen alarm; ze laten hem rustig naar mij toesluipen in de donkere nacht en kruipen weg in de kast zonder zelfs maar een geluidje te geven.

Ik zit in de kast, weggedoken in het duister. Hier kan hij me niet vinden. Maar mijn moeder evenmin. Zij zal me zeker niet vinden, ze zoekt ook niet naar me en roepen kan ik niet. Ik moet hier heel stil blijven zitten, anders hoort hij me en dan komt hij, hij doet de deur open, komt binnen en vindt mij hier, en dan kan ik niet weg. Er is geen andere ver-stopplaats. Ik wil dat mama komt. Ik wil dat ze net zo lang zoekt tot ze me heeft gevonden. Als zij me het eerst vindt, is het goed. Dan kan hij me niet te na komen; zij zal me beschermen. Maar ze zoekt helemaal niet naar me. Ze moet rusten. Ik blijf haar maar lastig vallen, ik wil maar dat ze aandacht voor me heeft, en daar kan ze niet meer tegen; ze heeft haar rust hard nodig. Als ik blijf drammen, zorgt ze helemaal niet meer voor me. Dan stopt ze me in de kast en laat me doodgaan.

Ik ben degene die verantwoordelijk is: mijn moeder zit in de kast, hongerig en dorstig en eenzaam. Ze heeft me nodig. Ik moet voor haar zorgen. Ze is veel te kwetsbaar om voor mij te zorgen; het is mijn taak haar te beschermen.

Ik ben de indringer, de man die 's nachts verschijnt. Met zware stap klim ik de trap op. Ik sta in de deuropening. Ik sta over het bed gebogen. Het kind is zacht en teer tussen de benen. Ik raak haar daar aan. Het is ons geheim – niemand weet ervan; niemand zal het ooit weten. Wat als ze het toch vertelt? Ze zal het niet vertellen. Maar als ze dat nu toch doet? Dan zeg ik dat ze gedroomd heeft. Het is beter als ze niet wakker wordt. Ze heeft gewoon een verrukkelijke droom over een minnaar die haar een zalig gevoel tussen haar benen laat hebben; ze denkt dat het gewoon een droom is en ze wordt nooit wakker en later weet ze er niets meer van. Maar ik kan bekijken hoe ze beeft en schokt onder mijn aanraking. Zij is mijn speelpopje, mijn kleine poppetje. Ik kan altijd met haar spelen als ik daar zin in heb.

Elke nacht vecht ik tegen de slaap en schiet telkens omhoog als ik begin te knikkebollen. Uiteindelijk slaap ik toch. Twintig minuten later schrik ik wakker en ga rechtop zitten of spring uit bed: de messen, of de verstikking, de vreemdeling, of de honden in de kast. Soms herhaalt die hele procedure zich nog een of twee keer. Soms zijn er andere dromen.

Ik ben in een huisje op een vakantiepark, we zijn er met de hele familie: mijn man, mijn ouders, mijn grootvader en zijn vrouw, mijn zus en haar man, mijn oom en tante. Het huisje bestaat uit één grote, lege kamer met een glanzende, bruine vloer. Een heleboel badkamers komen uit op die ruimte, maar geen van de wc's doet het. Sommige zijn weggehaald en vervangen door prullebakken. Alle wc's en zelfs alle prullenbakken zit tot de rand toe vol met stront. Iedereen gedraagt zich heel vrolijk en opgewekt, hun stemmen klinken hoog en schril, en iedereen doet net alsof alles prima in orde is in dat huisje.

Ik ben in een groot huis met brede trappen en een deur met glazen panelen. In de keuken is een man bezig grote stukken zwart plastic te bevestigen. Hij is een donkere kamer aan het inrichten. Aan de muren hangen petroleumlampen. Er zijn verschillende vrouwen in huis. Een van hen ligt naakt op een metalen bed. Ik heb me onder dat bed verstopt. De man slaat smerige taal tegen ons uit. De vrouw vindt het prachtig. Ik voel me opgewonden, maar heel bang. Ik sla mijn benen om mijn handtas en mijn weekendtas heen om te zorgen dat die me niet, net als mijn kleren, worden afgenomen. Ik heb ze nodig om weg te kunnen komen. De naakte vrouw zit me achterna met een naald. Ze steekt me in de nek. Ik grijp de naald en drijf hem in haar verhemelte. 'O, God,' kreunt ze in extase. Ik ren weg dwars door het huis van een oude man; het is er propvol, overal staan meubelen. Ik ga binnen door de voordeur en ren er achter uit door de glazen achterdeur. In mijn badjas probeer ik door achteraf straatjes weg te vluchten tussen de kale bomen door, die hun takken naar me uitstrekken.

Ik baar twee kinderen, pijnloos. Dat splijt mijn buik open. In de holte van mijn onderbuik zit een groot gat; ik kan erin kijken en zie hoe een derde kind pogingen doet eruit te komen. Als ik weer kijk, ziet de baby eruit als een koolstronk. Ik duw hem er weer in. Samen met mijn moeder ga ik naar de dokter. Hij onderzoekt me in een keuken op een houten tafel. Het is maar een vluchtig onderzoekje, maar hij is wel aardig. Het zegt dat hij verbaasd is over de hoeveelheid onderhuids vet die ik heb. Nu zie ik dat de holte niet open is; er is alleen een gleuf in het vet, een centimeter of drie diep, en het vet bobbelt aan weerszijden op. Mijn moeder wil wat zeggen en dat lukt niet; er komt alleen wat gebazel uit. Ze hoest en probeert het nog eens, maar het gaat niet goed. De dokter komt dichterbij en mompelt: 'Er is iets niet in orde met je moeder.' Hij onderzoekt haar niet en geeft ook geen advies omtrent haar. Bij het aanrecht wast hij zijn handen, de gele, plastic handschoenen nog aan.

Samen met mijn vader ben ik aan het zwemmen in een afwateringskanaal met steile, betonnen zijkanten. Het water is helder blauw, maar ik blijf maar herhalen: 'Het is smerig. We zullen er ziek van worden. Mijn incisie zal gaan ontsteken.' Hij blijft herhalen dat er niets is om ons zorgen over te maken. Dan ben ik op school in een klaslokaal met een grote, dikke leraar die zegt: 'Wil jij de klas nu overnemen?' Ik sta op, lees een gedicht hardop voor, en stel een van de leerlingen er vragen over. Zij zegt: 'Het staat niet in mijn boek.' Ik kijk in mijn boek en zie dat het gedicht is verdwenen. De klas is stil en vijandig. Ik laat ze vroeg gaan. Zelf ga ik naar huis en daar ontdek ik dat ze in mijn huis zijn geweest en met alle meubels hebben lopen slepen, zelfs het sanitair in de badkamer is verplaatst. Ik ga naar de wc en bemerk dat ik niet door kan trekken omdat de toiletpot niet aangesloten is. Als ik uit de badkamer kom, komen de leerlingen uit hun schuilplaatsen te voorschijn en maken het zich gemakkelijk in mijn huis. Ze maken er een rotzooi van en weigeren weg te gaan. Ik ben een klein meisje en ik lig in bed met een groter kind, een meisje van een jaar of 13. Er ligt nog iemand, meisje of vrouw, bij ons in bed. Wij willen niet dat ze iets merkt van onze seksspelletjes. Er liggen knuffelbeesten in het bed, en een kroeldekentje. Wij zijn de drie dochters van mijn vader. Ik ben samen met een vriendin: mijn moeder, of mijn zus. Zij beschermt mij tegen de chirurg die aan het eind van de doodlopende weg op me wacht. Iedereen die die kant op gaat wordt door hem met een bloederig mes gedood. Wij staan aan het begin van de weg, bij een afzetting. Mensen die langskomen, vertellen wij dat ze veilig door kunnen lopen. We weten beiden dat dat een leugen is: iedereen die doorloopt zal aan het eind van de weg worden verminkt en gedood. Maar als wij hem niet in bescherming nemen, zullen we zelf het slachtoffer worden. Als ik mijn moeder niet help hem de hand boven het hoofd te houden, zal ze hem boven mij verkiezen, ongeacht de gevaren die ik dan loop. Ze zal weigeren voor mij op te komen. Nu is mijn zus mijn metgezel, mijn bondgenoot, mijn eigen zusje. Ze weet zich geen raad, ik weet ook niet wat te doen, maar we proberen ons zelf te redden. Ik weet dat ik droom en geef mezelf een kans de droom op mijn manier te laten eindigen. Ik stel mijn zus voor hem te doden. Dat doen we inderdaad. We vermoorden hem telkens opnieuw, maar als we teruggaan om te kijken, is hij weer levend; hij wacht ons op. Ik stel voor dat we een pin door zijn hart drijven, zodat hij dood blijft. Zelf geloof ik echter niet dat het zal lukken. Hij is machtig en ik ben weerloos, net als mijn bondgenoten. Niemand gelooft dat de chirurg zoiets doet. Aan het eind van de weg wacht hij op me om me te verminken.

Die dromen gaan maar door, ook nu nog. Elke nacht lig ik wakker en verzet me tegen de slaap. Ik adem diep en ontspan me. Bij het uitademen stokt mijn adem, ik ben klaar wakker en hap naar lucht. Mijn therapeut heeft gezegd dat ik nu veilig ben. 'Ik ben veilig,' zeg ik tegen mezelf. Dat zinnetje blijf ik als een mantra herhalen. Maar ik voel me niet veilig. Het is als geloven dat de aarde plat is en tegelijk weten dat ze rond is. Ik weet dat mijn vader vannacht niet aan mijn bed verschijnt. Ik weet dat hij dood is. En ik weet dat de man naast me in bed mijn eigen man is, die van mij houdt. Toch ben ik weer terug in het lage, zachte bed van mijn kinderjaren. Ik wacht op mijn vader. Hij zal als een nacht-

merrie uit het plafond omlaag storten, of plotseling naast me in bed opduiken. Ik ben ervan overtuigd dat mijn vader zal komen en me zal
dwingen, als ik slaap. Net als de spin in mijn kinderfantasieën. Hij heeft
opgehouden te bestaan, maar toch zal hij me te na komen en er is niets
wat ik daar tegen kan doen. Mijn grenzen zijn niet veilig: hij is er binnen.

Herinneren (1)

Het proces van herinneren is mogelijk begonnen toen ik in therapie begon te praten over seks. Of misschien is het begonnen op die ochtend dat ik, overmand door schaamtegevoel, wakker werd met de herinnering aan die keer dat mijn vader me, toen ik achttien jaar was, een klysma toediende. Mogelijk ook begon het daarna, toen de dromen steeds angstaanjagender waren en Kris en ik ons in toenemende mate op mijn vader concentreerden.

Maar naar mijn idee begon het herinneren op het moment dat mijn moeder een doos met brieven vond in de kelder van haar huis. Ze was aan het opruimen in verband met de verkoop van het huis. Dat was ongeveer een jaar nadat ik met mijn therapie was begonnen; dat was acht jaar na mijn vaders dood; meer dan veertig jaar nadat hij me had verkracht.

Aan de binnenkant van het deksel was een etiketje geplakt waarop in zijn handschrift stond: 'Dit manuscript heb ik speciaal voor mijn dochter Betsy Ervin verzorgd. Mocht ik sterven voor ik het haar ter hand heb gesteld dan moet het direct, en ongeopend, aan haar worden gegeven. Er staan geen aanwijzingen, testamentaire beschikkingen of andere zaken in die voor een ander van belang kunnen zijn, en een deel van het materiaal is alleen voor haar en mijn ogen bestemd.'

Toen mijn moeder me over haar vondst vertelde, kon ik aan haar stem horen hoe geïrriteerd ze was; ik kon met haar meevoelen. Ik weet nog dat mijn vader me, toen ik al getrouwd was, een kopie van een kort verhaal stuurde dat hij had geschreven, met de bedoeling dat ik het zou lezen en er commentaar op geven. Toen ze bij me op bezoek kwamen, ging ik er met mijn vader voor zitten om het verhaal door te praten. Hij vertelde me toen dat hij het niet aan mijn moeder had laten lezen. 'Ik weet niet waarom,' zei hij, 'ik heb het wel laten zien aan...,' hij noemde de naam van een vrouw met wie hij jarenlang een flirterige relatie had onderhouden. 'Maar om een of andere reden wilde ik het gewoon niet aan je moeder laten lezen.' De held in zijn verhaal, ironisch genoeg Manly Peters geheten, had nogal veel gemeen met de echtgenoot van die vrouw.

Ik heb hem ooit gevraagd of hij met deze vrouw naar bed ging. Hij zei van niet, maar ik geloofde hem niet. Toen ik hoorde van die doos met brieven nam ik dus aan dat hier de feiten van die relatie mogelijk in te vinden zouden zijn. Het verbaasde me niet dat hij deze informatie aan mij had toegedacht, dat lag wel in zijn lijn. Maar ik was boos. Bij leven had mijn vader zich te veel in mijn leven ingedrongen. Ik wenste niet nu ook nog door zijn dode hand te worden aangeraakt.

Mijn moeder deed er drie weken over om de doos naar het postkantoor te brengen. In afwachting van het materiaal werd ik me bewust van een steeds toenemend gevoel van spanning. Wat als er eens veel ergere dingen in stonden dan ik verwachtte? Maar wat voor ergers dan wel?

Ik kreeg een dubbele oorontsteking en kon haast niets meer horen. Misschien was het puur toeval: mijn eerste oorontsteking in veertig jaar. Misschien was het een boodschap van mijn lichaam: *Vertel het me niet. Ik wil het niet horen.*

Iets over mijn zus. Iets over mijn vader en mijn zus. Iets verborgens achter de sexy foto's die hij van haar nam, of achter dat naakt door het huis lopen dat zij deed, zelfs toen ze volwassen was. Natuurlijk had hij niets met mij gedaan, zei ik tegen mezelf, maar zij was zijn stiefdochter. Ze was vroegrijp. Ze was verleidelijk. Ze aanbad hem, hield ik mezelf voor – dat zei mijn moeder tenminste. Met het verstrijken van de tijd werd ik steeds banger dat ik in die brieven het bewijs zou vinden dat mijn vader met mijn zus naar bed was geweest.

Op een dag was ik aan het joggen in de buurt van ons huis. Ik overwoog deze vreselijke mogelijkheid en trachtte de diepte van mijn angst te peilen. Op het moment dat ik een brede, door eiken overschaduwde weg overstak, schoot me plotseling een gedachte te binnen, zo duidelijk en helder alsof hij op een scherm was geprojecteerd: *Ik ben bang dat mijn vader iets met mij heeft gedaan.*

Ik begon te huilen, en tranen en zweet vermengden zich terwijl ik verder strompelde. Dit was het dus. Dit was waar ik bang voor was.

Ik leefde twee of drie dagen met die angst. Ik weet niet meer wat ik die dagen heb gedaan. Ik heb vast eten klaargemaakt, de honden gevoerd, een douche genomen, de was gedaan. Ik moet heel wat tijd met Tom hebben doorgebracht, die toen negen was. William was op kamp. Ik wilde niet nadenken over mijn angsten, maar ik deed het toch. Ik dacht aan weinig anders. Ik sprak met niemand over mijn gevoelens. Over een paar dagen zou ik het wel aan mijn man vertellen, maar voor het moment hield ik mijn angst dicht tegen me aan, als was het een klein, hulpeloos diertje dat ik tegen de kou moest beschermen.

Die zondag ging mijn man met Tom kano varen. Toen ik alleen was,

ging ik de confrontatie met mijn angst aan. Als er sprake was van incest, wanneer was dat dan gebeurd? Wat was de aanleiding? Kon ik er sporen van ontdekken in mijn herinneringen of in de papieren die ik had? Ik zat te werken in mijn slaapkamer, een warme, lichte kamer op de bovenste verdieping. Mijn bureau stond voor het raam, en ik had uitzicht op de groene blaadjes van de pruimenboom in onze voortuin. Ik liep heen en weer tussen bureau en kast, trok stoffige dozen van de planken en spreidde de inhoud uit op het vloerkleed. Ik had mijn babyboek, *De eerste zeven jaren van ons kindje*, dat volgeplakt was met kiekjes die mijn vader had genomen. Er stonden allerlei gedetailleerde bijschriften bij in zijn vrijwel onleesbare recepten-handschrift ('... «Ze» ziet met twee jaar moeiteloos het verschil tussen meisjes en jongetjes.') En ik had mijn vaders autobiografie, een ongepubliceerd stuk, *Brieven aan Betsy*, 193 pagina's, dat hij na mijn huwelijk voor mij had geschreven. Ik begon belangrijke familiedata te noteren op vellen kladpapier. Wanneer verhuisden wij van de basis naar ons appartement? Wanneer werd mijn vader uitgezonden? Wanneer ging ik naar peuterzaal? Lezend wat mijn vader aan mij had geschreven, kwam ik tot de conclusie dat de meest waarschijnlijke datum voor de incest – ik ging toen nog uit van een eenmalig incident – november 1945 was. Toen kwam mijn vader namelijk terug van zijn militaire missie. Ik was toen drie. In zijn autobiografie maakt hij melding van zijn ongerustheid omtrent de toekomst: hij was bang dat hij geen baan zou vinden, dat ze hem in militaire dienst zijn mannelijkheid hadden afgenomen. 'Die rigide, strakke afhankelijkheid van autoriteiten,' schreef hij, het leger dus, 'tapt een man zijn zelfvertrouwen af. Het duurt een hele tijd voor je weer in staat bent als een man de schouders te rechten en te staan voor wat je bent.'
Dus misschien was het gebeurd – als het al gebeurd was – in het appartement in San Francisco, toen mijn vader terugkwam uit de oorlog. Gravend in mijn geheugen ontdekte ik dat ik mijn vader nauwelijks kon plaatsen in dat appartement. Ik herinnerde me uit die tijd maar twee momenten met hem: de dag dat hij terugkwam, en de avond toen hij me ijswater bracht terwijl ik in bad zat. Ik dacht dat we meteen verhuisd waren toen hij terug was, maar uit de papieren bleek dat we er nog zeven maanden zijn blijven wonen. Waarom had ik er zo'n moeite mee me hem daar voor de geest te halen, terwijl ik toch zo veel vroegere herinneringen aan hem had, en heel veel van later datum?
Urenlang bladerde ik in het babyboek en in zijn autobiografie en probeerde een samenhangend beeld te vormen van wat er mogelijk was gebeurd. Een schets van het ergste, noemde ik het voor mezelf, al vermeed

Mijn vader in legeruniform: deze foto droeg ik bij me in de tijd dat hij in Europa verbleef, 1944.

Pat in het huis van mijn ouders in San Francisco.

ik zorgvuldig scènes concreet in te vullen. 'Incest,' noemde ik het, een abstracte term zonder inhoud. Ik voelde me koortsig onder deze bezigheden. Mijn hoofd leek groter dan anders, en gevuld met lucht. Het enige gevoel waarvan ik me bewust was, was een soort dwang: ik *moest* het weten. Als zou blijken dat 'het' echt was gebeurd, wilde ik voorbereid zijn.

'Ik moet je wat vertellen,' zei ik tegen Kris, mijn therapeut, een paar dagen later. We waren nu al bijna een jaar samen aan het werk; eerst aan mijn relatie met mijn kinderen, en sinds kort ook met zaken rond mijn ouders. Ik aarzelde en zei toen: 'Ik weet niet of het echt is of dat ik het verzonnen heb.'

Ze luisterde. 'Voor jou voelt het als een verhaal,' zei ze 'omdat bij dergelijke gebeurtenissen iedereen doet of ze nooit hebben plaats gehad.'

'Bedoel je dat het echt gebeurd kan zijn?' Nu was ik er niet zo zeker meer van of ik het wilde weten.

De kans was vrij groot dat het inderdaad was gebeurd, zei ze. Het klopte met wat ik me van mijn vader en mijn relatie met hem, herinnerde; het sloot ook aan bij de dromen die ik had en bij de problemen die ik ondervond in de relatie met mijn kinderen. Bovendien sloot het aan bij de gevoelens die ik had tijdens en na het vrijen met mijn man. Als ik daar van genoot, begon ik onveranderlijk na afloop ruzie met hem te maken. Veel vaker schakelde ik over op de automatische piloot en dacht onder het vrijen aan een nieuwe indeling van mijn kasten of aan het invoeren van een betere administratie. Op andere momenten had ik levendige voorstellingen van operaties aan gezwellen in borst of geslachtsdelen, operaties waarvan ik niet herstelde. Ik stierf een langzame, pijnlijke dood, van binnenuit wegrottend. Soms stelde ik me voor dat mijn man stierf aan een hartaanval; ineens, onder het vrijen, schreeuwde hij het uit en viel machteloos en zwaar op mijn borst. Ik was dan schuldig aan zijn overlijden. Vervolgens bleef ik alleen met de kinderen achter, volstrekt ongeschikt om ze op te voeden.

Maar hoe kan ik zo iets ingrijpends nou gewoon vergeten?

Dat gebeurt inderdaad, zei ze. Het is heel gewoon dat mensen die het slachtoffer worden van seksueel misbruik die herinneringen verdringen. Als het echt zo was, zei ze, zouden de herinneringen komen.

Toen die doos met brieven eindelijk aankwam, was het een anticlimax. Naast wat onbenullige brieven en gedichten zat er inderdaad het verwachte bewijs in van zijn verhouding met die vrouw: vijf liefdesgedichten van die vrouw aan mijn vader, waaronder een met de titel: 'Vijf Dagen, Vier Nachten,' met een beschrijving van een rendez-vouz in een berghut. Er was sprake van 'ineengedraaide lakens en ineengedraaide benen'. Toen ik mijn moeder daar een jaar later over vertelde, zei zij dat ze niet waren geschreven door de vrouw die ik in gedachte had, maar door een ander met wie mijn vader in die zelfde tijd ook wat had. Mijn moeder wist waar dat huisje in de bergen was en wanneer ze daar geweest waren.

Ik nam een pauze. Zes maanden lang droomde ik niet van incest en las er geen boeken over. Ik werd heel opgewekt; ik voelde me machtig. Ik besloot met mijn therapie te stoppen.

Toen kwamen de dromen terug, intenser en angstaanjagender dan ooit. Ik ging weer in therapie en begon te schrijven over wat ik dacht dat er gebeurd was; ik begon het blanco beeld van 'het ergste' in te vullen. Ik was bang, maar ik wilde het weten, en ik hoopte dat schrijven daarbij zou helpen.

Ik herinnerde me niet wat mijn vader had gedaan, dus probeerde ik de gebeurtenissen te reconstrueren. Ik wierp al mijn mogelijkheden – als journalist, schrijver, wetenschapper – in de strijd om die reconstructie zo exact en pregnant mogelijk te maken. Ik gebruikte de herinneringen die ik wel had om naar die die ik niet had te reiken. Ik was niet vergeten hoe mijn vader er in die tijd van ons leven had uitgezien: het gladde, ronde gezicht, het stalen montuur. Ook gebruikte ik wat ik wist van mijn vaders karakter – hoe graag hij de rol van leraar speelde, die rustige, didactische manier waarop hij stap voor stap informatie overdroeg. En ik maakte gebruik van wat ik over mezelf wist, mijn eigen schaamte voor mijn seksualiteit. Ik vocht met die schaamte bij mijn pogingen een duidelijk beeld te krijgen van mijn geslachtsdelen als object van mijn vaders daden. Ik besefte dat ik, zonder te weten waarom, altijd al het gevoel had gehad dat mijn lichaam lang geleden geschonden en beschadigd was, en nooit meer heel zou worden. Ik probeerde me rekenschap te geven van alles wat ik wist en alles wat ik me herinnerde. Ik noemde het verhaal dat ik schreef: 'Doktershanden'.

Doktershanden

Hij had mooie handen. Groot, met lange, slanke vingers en een lange, buigzame duim. Doktershanden. Dat zag je meteen als je er naar keek. Hij kon heel veel met zijn handen. Hij kon alles maken: hij maakte mijn eerste verkleedpak voor Halloween toen ik vier jaar was. Een spook met een frame van ijzerdraad, dat boven mij uittorende en met een lampion bovenin die ik met een schakelaartje kon bedienen. In november 1945 kwam hij terug uit de oorlog, ik was toen drie en een half. Hij was een van de vele terugkerende militairen; iedereen was op zoek naar een baan. Hij wilde lesgeven, maar er was geen werk voor hem. Hij had altijd aangepakt wat hem werd aangeboden en stond open voor iedere mogelijke loopbaan. Nu was hij bang dat er niets meer op zijn weg zou komen; hij vreesde in het slop te raken. We gingen door met de dingen van alledag, maar we waren allemaal bang.

Een novembermiddag, kort na zijn thuiskomst. Mijn moeder en mijn zus zijn niet thuis. Ik doe mijn middagslaapje, boven, in de slaapkamer die mijn zus en ik delen. Een kale kamer: een kale houten vloer, het bed van mijn zus, mijn ledikant, simpele witte gordijnen voor het raam. Een eenvoudige plafonnière, een vierkant stuk matglas met twee gloeilampen erachter. Een ladenkast. Een spiegel. Mijn speelgoedkast.
Ik lig te slapen, in een shirtje en een onderbroekje; mijn corduroy overall hangt over het voeteneind van het ledikant. Ik heb mijn duim in mijn mond. Kleine sliertjes haar zijn uit mijn vlechten geraakt. Mijn hoofd ligt op een dubbelgevouwen, doorgestikte deken – mijn moeder heeft me verteld dat slapen op een kussen slecht is voor mijn houding. De deken ruikt lekker fris en vertrouwd.
Ik ben diep in slaap. Mijn vader staat naast mijn bed en kijkt op me neer.
Ik draai in mijn slaap op mijn rug. Hij legt een hand op mijn borst; misschien bedenkt hij zich hoe klein en kwetsbaar ik ben – wat als ik zomaar ophou met ademen? Hij duwt harder, zijn grote hand bedekt bijna mijn hele borst, zijn middelvinger priemt waar ooit mijn linkerborst zal verschijnen. Ik word wakker.
Ik zie zijn gladgeschoren gezicht, zijn donkere, diepliggende ogen, zijn

neus die een T vormt met zijn rechte wenkbrauwen, zijn strakke mond. Hij ademt zwaar, zoals hij dat later wel deed als hij mijn broek omlaag trok om me een pak slaag te geven, zo razend dat ik bang was dat hij me zou vermoorden. Achter zijn bril, die bijna onzichtbare, metalen dienstbril, staren wazig zijn ogen. Ik vraag me af of hij ook heeft geslapen, en wakker is geworden zoals ik hem ooit heb wakker gemaakt, een jaar geleden ongeveer, voor hij wegging en weer terugkwam. Die andere keer was hij nors mijn kamer binnengekomen in een grijs sweatshirt. Hij had toen geen onderbroek aan en zijn penis hing onder zijn trui vandaan als de slurf van een olifant. Toen zei hij dat ik weer moest gaan slapen en hem niet verder lastig vallen. Heb ik in mijn slaap geroepen, deze keer. Hij is nu gewoon gekleed, en kijkt ook niet boos. Hij lacht een beetje vreemd. Zijn mond hangt een beetje open en hij ziet er dommig uit, helemaal niet de slimme vader die ik ken. Ik zie de vochtige binnenkant van zijn lippen, en zijn tong die er breed en plat tussen ligt. Hij staat boven me en kijkt omlaag. Ik lig op de bodem van een diepe bak, zoals de zandbak voor de wasserette in ons flatgebouw. Maar ik ben niet alleen achtergelaten, zoals ik in die zandbak dacht. Ik lig in mijn ledikant en papa is bij me.

De hand waar ik wakker van werd, ligt nog op mijn borst en drukt te stevig. Hij neemt zijn hand weg, maar ik kan de druk van zijn middelvinger nog voelen. Zijn hand glijdt omlaag naar het kruis van mijn katoenen onderbroekje. Zijn lange vingers glijden tussen het elastiek en mijn dij. Ik haal me die plek voor de geest: een streepje tussen twee hobbeltjes vet, twee hobbeltjes als dikke vingers, als dikke lippen. Hij haalt zijn hand terug en likt aan zijn middelvinger; dan schuift hij hem terug in mijn broek. Hij begint te praten, monotoon en kalmerend, met zijn zuidelijk accent dat de medeklinkers verdooft en de klinkers oprekt. 'Hier zit een klein bultje – je clitoris, heet dat, en als je daar aankomt, voelt het lekker.' Hij beweegt zijn vinger, nat van het spuug, op en neer. Het is een heerlijk gevoel, prettiger dan wat ook, toch knijp ik mijn dijen tegen elkaar. 'Niet bang zijn,' zegt hij, 'ik doe je heus geen pijn. Voor geen goud zou ik jou ooit pijn doen.' Zijn stem is zacht en geruststellend, zijn doktersstem.

'Het is lekker, vind je niet; je vindt het fijn hè?' Ik vind het inderdaad fijn; ik wil dat hij ermee doorgaat, maar ik wil ook dat hij ophoudt. Het is te intens, het gevoel is te veel.

Hij tilt mijn billen op en trekt me mijn broek uit. Ik lig te kijk, het shirtje is veel te kort om mij te bedekken. Hij likt aan zijn vingers en laat ze over mijn lichaam wandelen, over die delen waarvan ik tot dan toe de namen niet kende. 'Dit zijn je labia – dat is Latijn voor lippen. Labia majora, grote lippen; labia minora, kleine lippen. En dit kleine bultje is je clitoris.'

Hij drukt zijn lichaam tegen de spijlen van mijn ledikant. Ik voel een soort vuurwerk omhoogschieten op de plaats die hij mijn clitoris noemde; het flakkert telkens en telkens op. Het is zo hevig, ik wring me opzij. Mijn vlees voelt zacht, kwetsbaar. Hij likt aan zijn vinger en kietelt me, daar. 'Lig maar gewoon stil. Ontspan maar – je doet niets verkeerds.' Als ik niets verkeerds doe, waarom zegt hij dan dat ik niets verkeerds doe? Ik lig daar met die vingers van hem die over me heen spelen. Ik blijf schokken. Ik kan er niets tegen doen, ik schok en tril onder zijn vingers. Ik heb het idee dat het pijn doet, maar ik ben er niet zeker van. Ik ben daar zo heel zacht, de huid is zo anders dan het stevige vel op de rest van mijn lichaam; het kan niet anders of hij doet me pijn.

Zijn vinger beweegt sneller, drukt steviger. Hij voelt groot, zo groot als zijn penis er toen uitzag toen hij die ene keer boos mijn kamer binnenkwam. Hij wrijft zichzelf tegen de spijlen van mijn bed en zijn ogen kijken scheel en draaien achter zijn brilleglazen. Plotseling kreunt hij en zakt tegen de spijlen aan. Zijn vinger beweegt niet meer. Is hij dood? Nee: hij heft zijn hoofd en kijkt naar me.

'Vond je het fijn? Was het lekker?' Ik weet dat hij wil dat ik ja zeg. Ik knik. Hij schraapt een keer fors zijn keel. 'Het is verstandiger hiervan niets tegen mama te zeggen. Er is niets verkeerds aan wat je deed, maar zij begrijpt het misschien niet.' Ik vraag me niet af waarom we niet gewoon uit kunnen leggen wat ze dan misschien niet snapt. Ik weet al dat 'begrijpt het misschien niet' niets anders betekent dan dat ze 'boos zou worden'.

Toen papa uitgezonden was, dacht ik dat alles weer in orde zou zijn als hij maar eenmaal terug was. Mijn moeder zou dan niet langer zwijgzaam en teruggetrokken zijn; ze zou gelukkig zijn – we zouden allemaal gelukkig zijn. Dat is niet gebeurd. En nu is er iets mis, al weet ik niet wat. Ze kijkt nog steeds nors en boos; ze luistert nog altijd niet als ik haar iets vertel. Ik weet heel goed dat ik haar niet lastig moet vallen; ze wordt boos als ik dat doe. Misschien is het mijn schuld wel dat datgene wat moest gebeuren toen mijn vader terugkeerde, niet is gebeurd.

Hij laat mij achter in het ledikant. Ik hoor hem in de badkamer, dan loopt hij met zware stap de kamer naast de mijne in. Ik moet naar de wc. Mag ik er nu wel uit om naar de wc te gaan? Ik wil hem niet zien liggen, op bed in die andere kamer. Maar ik moet heel nodig. Uiteindelijk klauter ik uit het bedje. Maar ik heb te lang gewacht. Voor ik bij de badkamer ben, voel ik de warme plas al langs mijn blote benen lopen. Ik plas zomaar. Ik schaam me ontzettend. En het doet pijn – het schrijnt op die plek die mijn vader heeft aangeraakt. Ik ga op de wc zitten en plas uit. Het blijft pijn doen. Ik leg mijn hand erop. Die dingen waar hij het over had... ze voelen als zachte, tegen elkaar geplakte noedels. Ik kan me niet voor de geest halen hoe dat eruit ziet. En zien kan ik ze ook niet, zelfs niet als ik mijn hoofd zo ver voorover buig dat ik de wc-bril raak. Ik raak dat bultje aan, waar het vuurwerk zat; nu doet het pijn. Het voelt als een soort zacht kurkje in een gat. Het gaatje waar de plas uit komt, kende ik wel, maar dit gat is nieuw voor me. Dat gaat vast helemaal naar binnen in mij.

Ik ga terug naar mijn kamer en kruip weer in bed. Het doet daar onder nog steeds pijn. Ik heb mezelf iets aangedaan, ik heb iets open gemaakt dat dicht had moeten blijven. Dat spleetje tussen die twee dikke lippen was altijd heel ondiep, nu is het diep, zo diep... ik heb geen idee tot hoever het wel reikt.

Mijn moeder komt thuis. Anders vertel ik het haar altijd als ik ergens pijn heb, maar deze keer niet. Papa heeft gezegd dat ze het niet zou begrijpen. Papa heeft gezegd dat ik niets verkeerd deed, maar als er niets verkeerds was, waarom doet het dan pijn? Ik vertel het niet. Ik vertel het nooit. Maar als ik niets zeg, wie gaat het dan weer goed maken? Het zal steeds en steeds erger worden en dan ga ik dood. Het gat zal dieper en dieper worden, en wijder en wijder, net zo lang tot er niets meer van mij over is. Mijn keel doet zeer, dat gevoel dat ik krijg als ik probeer niet te huilen. Het doet pijn als ik slik. Ik kan niet eten. Ik wil niets in mezelf naar binnen brengen. Ik voel me heet. Ik lig in mijn ledikant, op de bodem van de grote bak, en mijn vader en moeder leunen over mijn bed. Ik ben bang om in slaap te vallen: als ik wakker word zie ik misschien dat ronde, gladde gezicht boven me. Toch val ik in slaap, en inderdaad zie ik dat gezicht als ik wakker word. Hij is bang. Ik kan voelen hoe bang hij is. Hij is bang dat ik dood ga.

Ik maak me zo'n zorgen over mijn keel, het doet zo pijn, en mijn borst voelt zo opgeblazen en vol, en het doet zo pijn als ik hoest. Ik vergeet mijn clitoris, die kurk in dat diepe gat. Ik vergeet van die lippen waarover papa me heeft verteld. Ik vergeet dat die aangetaste delen van mij nog ergens zijn.

Mijn papa is chirurg. Hij snijdt mensen open. Als ik weer beter ben, moet ik naar het ziekenhuis om opengesneden te worden. Hij legt het me allemaal uit, met die zelfde monotone, zuidelijke tongval en tekent de amandelen voor me, die er met 'een klein mesje, meer een soort lepeltje eigenlijk,' uitgeschept zullen worden. Mijn papa doet dat niet zelf, legt hij me uit, omdat papa's niet hun eigen kinderen opensnijden. Ik zal er niets van merken, want ik ben dan in slaap.

Na de operatie zegt mijn moeder: 'Nu zul je niet meer zo vaak ziek zijn.' Aan haar stem kan ik horen dat dat ziek zijn van mij haar tot last is. Dat ziek zijn was nog zoiets wat ze niet begreep.

Herinneren (2)

Ik herlas het verhaal dat ik had geschreven over een novembermiddag, 1945, in het Park Merced plan in San Francisco, toen ik drie jaar was. Ik begon te schreeuwen, te vloeken en te huilen. Ik huilde zo hard dat ik in mijn broek plaste; toen herinnerde ik me hoe het gevoeld had, die andere keer dat de plas langs mijn benen liep, en hoe het schrijnde bij mijn geslachtsdelen. Opnieuw voelde ik dezelfde gruwelijke angst en schaamte toen ik het verhaal 'Doktershanden' herlas. Maar is het werkelijk zo gebeurd? Heeft mijn vader zich aan mij vergrepen op die middag in november? Toen ik het verhaal schreef, kwamen er zulke intense gevoelens bij me boven dat het wel op een of andere manier in de realiteit moet wortelen. Toch zijn mijn herinneringen bij lange na niet zo geordend en gedetailleerd als in dat verhaal. Ze zijn vaag en fragmentarisch, en vreemd: ik kan zien hoe mijn vader zich over mijn ledikant buigt – maar wat ik in feite zie is zijn achterhoofd, en mijn eigen gezicht, omlijst door verfomfaaide vlechten. Ik voel de angst en de schaamte, maar niet het seksuele contact op zichzelf. De meer specifieke beelden dateren van latere gebeurtenissen.

In de periode waarin ik het verhaal schreef, leek het logisch dat als mijn vader mij had verkracht, hij dat gedaan had in een periode waarin zijn zelfrespect nogal was aangetast en hij onder grote druk stond; dat was in november 1945 het geval. Ik verkoos aan te nemen dat, àls het al ooit was gebeurd – iets waarover ik mijn oordeel nog opschortte – het in elk geval bij één keer was gebleven. In therapie zei ik op een dag – althans ik dacht dat ik dat zei: 'De incest gebeurde toen ik drie was.'

Kris keek me aan en ik kon aan haar gezicht zien hoezeer ze zich betrokken voelde. 'Ben je je ervan bewust,' zei ze langzaam, 'dat je zei: "De incest begon toen ik drie jaar was"?'

'O, nee,' zei ik. Ik hoorde het me zelf zeggen alsof ik een vreemde was; mijn stem klonk hoog, dun en radeloos.

Het leek onmogelijk. Misschien, heel misschien had hij het één keer gedaan – maar steeds en steeds weer? Mijn vader, die andere mensen het leven teruggaf? Het was eenvoudiger om aan te nemen dat ik het allemaal verzon, makkelijker om tegen mezelf te zeggen dat ik stapel was. 'Je bent stapel als je echt denkt dat ik zoiets zou doen,' hoorde ik mijn vader eens tegen mijn moeder zeggen toen ik een jaar of acht was. Zij dacht dat hij een verhouding had. Worstelend om de herinneringen aan het misbruik op te diepen, snakkend naar beelden die konden bewijzen wat er echt was gebeurd, hoorde ik zijn stem die woorden tegen me zeggen: 'Je bent stapel als je echt denkt dat ik zoiets zou doen.' Keer op keer beargumenteerde ik waarom het allemaal niet, of juist wèl was gebeurd. Ik wilde het geloven, dan was ik niet gek. Maar ik wilde het ook niet geloven, niet geloven dat mijn vader me zoiets aangedaan zou hebben. Ongeacht mijn wensen, kwamen de herinneringen boven. Overdag, als het voor mij makkelijker is om te slapen, komen de herinneringen. Als ik op de bank lig en de zon me warmt alsof ik onder een deken lig, val ik in slaap alsof ik letterlijk van het plafond omlaag glijd een bedompte, stoffige kamer in. Het staat er vol meubels en her en der liggen slordige stapels spullen, overdekt met stofragen. Ik zink weg in een chaos aan beelden; dan komt er een moment dat een van die beelden scherp en duidelijk wordt, dan zie ik het goed. Vervolgens vervaagt het beeld en verdwijnt.

Ik lig in mijn lage, smalle bed; ik lig op mijn zij en mijn vader ligt naast me. Mijn hand gaat op en neer, op en neer over zijn penis; hij geleidt mijn hand. Het beeld is begrensd: ik kan er niet omheen kijken. Ik kan het bed niet zien, en de muur erachter niet, en de deur waardoor mijn vader is binnen gekomen evenmin. Er is geen gevoel, geen spierspanning, geen lichamelijke gewaarwording, alleen een beeld: zijn penis, mijn hand, zijn hand, en de beweging.

Ik zie zijn zachte, harige buik vlak voor mijn gezicht. Hij staat voor me. Ik weet niet hoe lang ik ben, hoe oud ik ben, of ik sta of kniel. Ik weet alleen dat mijn mond op gelijke hoogte is met zijn penis. Er is alleen geen penis in het beeld, en geen mond: vlak onder mijn neus is het beeld afgesneden.

Ik zie een naakte man die bovenop een vrouw ligt, de vrouw is ook naakt. Hij ligt op haar, met zijn benen gestrekt. Zij is veel kleiner dan hij en ziet er onnatuurlijk plat uit, alsof zijn gewicht haar vormen heeft weggedrukt.

Ik zie een beeld – misschien is het een tekening – van een krater waar omheen zacht vuil ligt opgehoopt. Uit de krater steekt schuin omhoog een cilindervormige stok, een soort houten pen of een deel van een stok. Die stok is heel erg hard, het vuil heel erg zacht. 'Wat betekent dit voor jou?,' vraagt mijn therapeut. 'Ik ben bang' – mijn stem begeeft het telkens – 'ik ben bang dat iemand... iets... in mij... heeft gestoken.' 'Wie zou dat dan gedaan kunnen hebben?' 'Niet mijn vader! Mijn vader kan het nooit geweest zijn!' 'Waarom niet?' 'Hij was dokter. Mijn vader zou me zoiets nooit aandoen!''

Ik zit bij een man op schoot. Ik heb een jurk aan en daar zit hij met zijn hand onder. Hij zit aan mijn clitoris met zijn stompe, botte vingers. Zijn vingers zijn zo groot, en mijn lichaam is zo klein. We zitten in een stoel, en ik kijk naar de grond. Ik kan mijn eigen schoot zien, maar niet die hand van hem onder mijn rok. Wel voel ik hoe intens prettig zijn aanraking is, en hoe ontzettend bang ik ervoor ben.

Er kwamen nog meer herinneringen. Op een dag zat ik naar een cassettebandje te luisteren dat ik had gekocht om mijn leessnelheid te verhogen. Toen de stem op het bandje monotoon en kalm zei: 'Sneller... sneller,' begon ik te huilen; ik kon niet verder luisteren.

Een andere keer zei de lerares tijdens jazzballet: 'Kijk eens in de spiegel.' Ik werd overspoeld door schaamte en voelde me zo doorzichtig als glas. Ik draaide mijn hoofd in de richting van de spiegel, maar ik zàg niets. Soms komt er alleen maar informatie door. Ik schrijf in mijn dagboek en een stroom van woorden glijdt als vanzelf op het papier:

Hij kwam de kamer in [de kamer die mijn zus en ik deelden in San Francisco] en hij zei tegen haar: 'Je bent nu een vrouw en het wordt tijd dat je je ook als zodanig gaat gedragen. Ik zal je leren de liefde te bedrijven als een vrouw.' Ze huilde en smeekte hem het niet te doen. Hij stapte bij haar in bed. Ze verzette zich. Hij schoof bovenop haar, drukte haar neer en penetreerde haar, zij worstelde. Hij legde een hand over haar mond, om haar stil te houden. Ik hoorde haar wel, zachtjes, en zag haar, vagelijk, in het donker. Hij kwam klaar en ging rechtop zitten. Hij zei: 'De eerste keer valt nooit mee, maar je gaat het wel lekker vinden, heus wel – net als de dingen die ik bij je deed toen je nog klein was.' Nadien kwam hij telkens naar onze kamer, eerst naar mijn bed en dan naar het hare.

69

Het begon tot me door te dringen hoe in- en inkwaad mijn vader in feite was, al had ik geleerd hem juist te zien als een zachtaardig, vriendelijk mens; zo zagen mensen van buiten de familie hem ook. Vervolgens begreep ik de dynamiek van hun ruzies: mijn moeder kreeg ergens de pest over in en begon met katten, de reden voor haar boosheid begreep ik nooit. Mijn vader bleef kalm en geduldig – daar was hij beroemd om. Mijn moeder vatte vlam en dempte haar woede met wijn. En nog meer wijn. Ten slotte hielp hij haar terwijl ze naar hun bed wankelde en vervolgens kwam hij zelf naar het mijne. Na elk conflict kon ik zijn vingers tussen mij benen verwachten en al raakte hij me nog zo behendig en voorzichtig aan, ik wist dat hij kookte van razernij.

Op zekere dag liep ik te peinzen over de wanhopige paniek die ik voel als mijn zoons ruzie maken, en ineens, als een soort klinische, wetenschappelijke ontdekking, begreep ik dat ik hun ruzies associëerde met de botsingen tussen mijn ouders. Ineens ervoer ik, alsof het *nu* gebeurde, hoe de volle kracht van mijn vaders woede op *mij* neerkwam: de grote heeft de kleine in de houdgreep, de kleine kan niet weg en ik ben die kleine en hij heeft me vast zodat ik me niet kan bewegen en hij is zo sterk en ik krijg geen adem, ik krijg geen adem!

Mijn herinneringen zijn fragmentarisch en bestaan uit losse flarden: een plaatje zonder verhaal, een verhaal zonder plaatje, gevoelens zonder plaatje of tekst. Vaak worden ze voorafgegaan door voortekenen: ik ga als een razende aan de slag. Ik heb absoluut geen tijd om met de kinderen te spelen. Maar toch, als ze me iets vragen slaag ik er niet in te weigeren, hoe lastig en vermoeiend hun verlangens ook zijn. Hun stemmen klinken hard en schril. Mijn huis ziet er vreselijk uit en ik heb het gevoel dat ik het niet de baas kan. Ik zeg tegen mezelf: 'Ik heb hier geen tijd voor!' Ik zeg: 'Ik moet voor iedereen zorgen en niemand zorgt voor mij!' Ik slaap minder en minder en raak steeds meer vermoeid. Mijn handen trillen en ik blíjf snoepen. Ik voel me leeg, afgedraaid; ik verlies mijn grenzen en word als een soort gas, het lijkt of ik als molecuultjes verstrooid raak in een atmosfeer waar voor leven geen plaats is. Dan komen de herinneringen.

Voor ik wist wat mijn vader had gedaan, draaiden die gevoelens in cirkels rond en hechtten zich aan de dingen rondom mij: Als die kinderen maar niet zo veeleisend waren, dacht ik vaak, dan zou ik me niet zo raar voelen.

Toen ik later wel op de hoogte was van de gebeurtenissen uit mijn jeugd, interpreteerde ik de voortekenen ook nog verkeerd. De herinneringen overvielen me dan. Het heeft een hele tijd geduurd voor ik de herinneringen begon te verbinden met de wanhoop die er aan vooraf ging, en het nam nog weer langer voor ik voorzag dat die wanhopige paniek duidde op het opduiken van nieuwe herinneringen.

Ik dacht te weten wanneer hij was begonnen me te misbruiken – ik dacht dat het op die dag in november was, toen ik drie was. Maar toen begon ik me af te vragen: waarom zou hij tot die tijd gewacht hebben? Als hij, zoals ik hem had horen zeggen, die dingen al met mijn zus deed toen ze klein was, waarom zou hij dan met mij hebben gewacht? Het heeft weinig zin om te zeggen dat mijn vader dat mij niet aan zou doen. Ik dacht dat ik wist wanneer hij ermee opgehouden was – ik dacht dat het afgelopen was na dat klysma dat hij me toediende de nacht nadat ik met mijn vriendje naar bed was geweest. Achttien was ik toen. Maar zeker weet ik het niet.

Ik zal nooit weten hoe vaak hij het deed. Ik heb geprobeerd het uit te rekenen: ze werden iedere week minstens een keer, en soms twee of drie keer, dronken; dan maakten ze ruzie. Kwam hij daarna altijd naar mij? Ik weet het niet. Als hij is begonnen toen ik drie was, en ermee ophield toen ik achttien was, zijn dat vijftien jaren. Gebeurde het eens in de maand? Twee keer per week? Ik weet het niet. Misschien is het honderd keer gebeurd. Misschien duizend.

71

Er over praten

'Ik moet je wat vertellen,' zei ik op een ochtend tegen mijn man, direct nadat hij wakker was geworden. Ik vertelde hem over het klysma dat mijn vader me gaf toen ik achttien was – 27 jaar voor deze mistige zaterdagmorgen. Ik had het mijn man niet eerder verteld omdat het niet van belang scheen. Ik vond het, als ik er al aan dacht, 'vreemd', maar verder niets. Het besef dat mijn vader me heeft misbruikt, kwam een paar maanden later. Wel was ik de laatste tijd met mijn therapeut in gesprek over mijn verhouding met mijn vader en gingen mijn dromen over vreselijk angstige vormen van seksueel misbruik. Deze ochtend was ik wakker geschrokken in de plotse overtuiging dat dat klysma veel griezeliger en beschamender was dan ik me zelf ooit had toegestaan te beseffen. 'Ik begrijp het wel als je me walgelijk vindt,' zei ik tegen mijn man, 'maar je moet me wel eerlijk zeggen wat je vindt, want ik kan niet verdragen dat je het walgelijk vindt en net doet of het niet zo is.' Hij omhelsde me. ' Jij bent niet walgelijk. Ik hou van je.' Hij wachtte even. 'Ik heb altijd al geweten dat hij een zak was.' Een paar dagen later vertelde ik het aan Kris. Met onbewogen kalmte hoorde ze me aan. Ik zei: 'Ik verwachtte dat je zou zeggen: "Heb je *dat* gedaan? Maak dat je mijn kantoor uit komt!"' 'Wat ellendig voor jou dat je denkt dat ik zo zal reageren,' zei ze, en gelijk had ze, het was ellendig. Vanzelfsprekend, zo hield ik mezelf voor, ging het daar natuurlijk helemaal niet om incest. Incest, dat had ik gelezen in het boek *The Secret Trauma* van Diana Russell, houdt in 'ongewenst seksueel contact van iemand onder de achttien met een ouder familielid'. Ik was achttien, ik had er zelf om gevraagd, het wàs niet eens seksueel contact, want hij was dokter. Bovendien kón het helemaal geen incest zijn, want zoiets deed mijn vader gewoon niet. Niet hij had iets misdaan, maar *ik*. Er was meer dan een jaar therapie voor nodig om deze opvatting te veranderen. Intussen was ik begonnen me te realiseren dat mijn vader zoiets best kon doen, en had gedaan ook. Hij had me seksueel misbruikt op heel wat meer momenten dan ik aanvankelijk aannam. Ik vertelde mijn man alles wat naar de oppervlakte kwam. Het kwam hem onge-

looflijk voor dat iemand in staat zou zijn zijn eigen dochter te misbruiken, maar hij begreep vanaf het begin dat als iemand ertoe in staat was,
het wel mijn vader was. Hij geloofde me, en als ik overweldigd door
schaamte huilde en snikte hoe smerig en verachtelijk ik wel was, hield
hij me stevig vast en bleef me zeggen hoeveel hij van me hield.

Het heeft maanden geduurd voor ik mezelf ertoe kon brengen aan een
ander te vertellen dat mijn vader me had misbruikt. De eerste aan wie ik
het zei was een vrouw met wie ik bevriend was geraakt toen onze zoons
vriendjes waren geworden op peuterzaal. Zij had een vreselijk nare
scheiding achter de rug, ik had met haar gehuild en met haar haar man
vervloekt; ik had gezien hoe gigantisch ze haar best deed haar drie kinderen een geborgen, veilig gezin te bieden. Ik vertrouwde haar volkomen; toch heb ik het haar over de telefoon gezegd, om het niet te hoeven zien als ze zich van me af zou wenden.

'Ik dacht al dat er misschien zoiets was,' zei ze zachtjes.

'Ik was bang dat je me walgelijk zou vinden,' zei ik.

'Ik hou van jou,' zei ze, 'en ik vind je een heel bijzonder mens.'

Naarmate ik het aan meer mensen vertelde, werd er over praten een goede manier om mezelf op te peppen. Mensen bleken zich niet walgend af
te wenden; ze hielden van me, steunden me en gaven uiting aan hun razernij jegens mijn vader in een periode waarin ik nauwelijks van mezelf
kon houden of mijn boosheid lucht kon geven.

Ik weet dat ik ongelooflijk veel geluk heb gehad. Ik heb zoveel verhalen
gehoord en gelezen van vrouwen die niet werden geloofd, of werden be-
handeld als hadden *zij* een misstap op hun geweten; anderen weer werden ertoe aangezet hun kwellers te vergeven en het verleden te laten rusten.

Mijn therapeut stelde voor dat ik deel zou nemen aan een praatgroep
van incestslachtoffers. Het deed me goed naar de verhalen van de anderen te luisteren; ik herkende er veel in, hoe verschillend de details vaak
ook waren. Ook had ik steun aan de wetenschap dat wij allemaal wor-
stelden met de gevolgen van wat ons was aangedaan. Steeds opnieuw
trof me de moed van deze mensen – en van mezelf. Het werd mogelijk
bepaalde dingen onder woorden te brengen; dingen die ik voorheen alleen tegen mijn man en mijn therapeut kon zeggen. Als ik ze eenmaal
in de groep had geuit, slaagde ik er ook in ze ergens anders onder woorden te brengen; zo verjoeg ik mijn schaamtegevoelens tot er niet meer
dan een schim van overbleef. 'Er is een bepaald woord dat ik niet uit kan
spreken,' zei ik op een avond in de groep. Ik hield mijn ogen neergesla-
gen en staarde naar het midden van het vloerkleed. 'Dat woord is *clito-*

ris,' bracht ik uit, terwijl de tranen in mijn ogen sprongen en ik vuur-rood werd.

'Zie je nou,' zei Joyce Ann, een van de groepsleiders, met haar fraaie, zuidelijke tongval, 'zo moeilijk was dat nou niet, hè?' Moeilijk was het bepaald wel. Maar toch minder vreselijk dan ik had gedacht.

Naarmate het besef van wat er in mijn jeugd was gebeurd groeide, kreeg ik steeds meer behoefte het aan mijn moeder te vertellen. De incest was een geheim, net als de drinkgewoonten van mijn ouders. Het was een geheim omdat mijn vader wilde dat het geheim was, maar door er met mijn moeder over te spreken kon ik bewijzen dat ik niet langer verplicht was te doen wat mijn vader wilde, nooit meer.

In het voorjaar van 1988, ongeveer negen maanden nadat ik de doos met brieven had gekregen, schreef ik mijn moeder of ze met me mee wilde gaan naar een gezinstherapeut voor twee sessies van elk twee uur, een keer op zaterdag en een keer op zondag.

Ik vertelde er niet bij waar ik het over wilde hebben. Ik was bang dat ze, als ik haar van tevoren inlichtte, niet zou willen komen. Ik wilde niet dat ze me de kans zou ontnemen alles te zeggen wat ik kwijt wilde, en ik wilde niet dat ze alleen zou zijn als ze hoorde wat er was gebeurd. Lynn, de gezinstherapeut die Kris me had aanbevolen, had veel ervaring met zowel incestslachtoffers als hun ouders. Ik wist dat ze mijn moeder zou bijstaan en haar zou aanraden bij terugkeer in California hulp te zoeken.

Mijn moeder verscheen op een donderdag. We kwamen de avond en de volgende dag door; zaterdag reden we naar Lynns huis. Ik kreeg nauwelijks adem, mijn moeder babbelde over opera's en films die ze de laatste tijd had gezien.

Ik had haar een brief geschreven die ik tijdens de sessie wilde voorlezen, want ik was bang dat ik de zenuwen zou krijgen en zou vergeten wat ik allemaal wilde zeggen. Ik wilde een feilloze brief schrijven, met de zeggingskracht en precisie van een stuk dat voor publicatie bestemd was. Ik kon me absoluut geen voorstelling maken van mijn moeders reacties.

Bij de therapeut zaten mijn moeder en ik naast elkaar op een lange, zachte bank; Lynn zat tegenover ons op net zo'n bank, op de vloer tussen ons in lag een kleurig kleed. Zonlicht viel door de hoge ramen naar binnen. Lynn en mijn moeder spraken over de therapie-praktijk; toen zei Lynn; 'Betsy heeft een brief geschreven die ze je voor wil lezen.'

Met bevende handen haalde ik de brief te voorschijn, ik wendde mijn hoofd naar mijn moeder en begon te lezen. 'Ik wil je zeggen dat papa mij heeft misbruikt, en dat hij Pat ook heeft misbruikt.' Ik wierp een blik op haar.

Ze bleef me aankijken. Haar gezichtsuitdrukking veranderde niet. Haar ogen waren groot achter haar brilleglazen.

'Wist je het?,' fluisterde ik.

Ze schudde haar hoofd. 'Nee,' fluisterde ze terug.

Ik las verder: 'Het begon toen ik drie was en ging door tot mijn achttiende...'

Ik las de hele brief voor en wachtte op haar reactie. Ze begon over haar eigen jeugd te praten.

'Wat vind je van wat je moeder zegt?,' vroeg Lynn.

'Ze praat over zichzelf. Ik wil horen hoe ze tegenover de dingen staat die *mij* zijn overkomen.'

Zo bleek dat ik een verborgen doelstelling had, zelfs verborgen voor mezelf. Ik dacht dat ik er alleen op uit was haar het geheim te vertellen en een en ander te horen over dingen die bij ons waren gebeurd voor mijn geboorte, of dingen die voor mij verborgen waren gehouden. Nu realiseerde ik me dat ik een specifieke reactie van mijn moeder wenste. Ik wilde dat ze zou zeggen dat het haar speet dat ik misbruikt was. Ik wilde dat ze haar spijt zou betuigen over het feit dat ze vroeger zo koud en onbereikbaar was geweest; dat ze zo vaak dronken was geweest. Ze zei niets van dien aard, tot ik haar later in het gesprek in tranen vroeg of ze het dan niet erg vond. 'Natuurlijk vind ik het erg!,' zei ze. Ik had echter gewild dat ze het uit zichzelf zou zeggen, niet op commando. Ik wilde zien dat het haar wat dééd dat ik door mijn vader was misbruikt. Ik verlangde dat ze zou zeggen: 'Vertel me hoe het voor je is geweest; ik wil het echt graag begrijpen.' Ik wilde dat zij wat gebeurd was alsnog ongedaan zou maken; dat ze in elk geval met terugwerkende kracht haar eigen rol zou veranderen: zij had nooit gevraagd wat er met mijn zus en mij gebeurde, zij had niets gezien.

Ik wilde dat ze me zou vertellen wat een schatje ik was als klein kind, hoe lief en grappig en aandoenlijk. Ik wilde dat ze me in haar armen zou nemen. Maar toen ze, later in de sessie, haar hand uitstak, krijste ik: 'Blijf van me af, blijf van me af!'

Ik schreeuwde en ging tekeer; mijn moeder onderging het met onbewogen gezicht. Ik schreeuwde nog meer; toen vroeg ik aan Lynn: 'Ben ik te ver gegaan?'

'Nee,' zei ze, 'als dat zo was, had ik het je wel gezegd.'

Die avond bleef mijn moeder thuis, terwijl wij naar de film gingen. Ik was er zeker van dat we haar bij thuiskomst dood zouden aantreffen, maar we troffen haar integendeel in de keuken bezig een boterham met pindakaas voor zichzelf klaar te maken.

Ik had ontzettend met haar te doen; ik vond het zo treurig hoe mijn vader haar had verraden, hoe ze zichzelf had verraden en het waanidee koesterde dat ze vroeger echt een innige band met mij had. Maar ik kon er niet toe komen haar aan te raken; evenmin mocht ze aan mij komen. Ik was bang dat ik dan gedwongen zou zijn voor haar te zorgen en dat ik mijn eigen noden opzij zou moeten schuiven. Ik wilde haar mama niet zijn.

Het tweede gesprek duurde drie in plaats van twee uur; toen waren we allemaal uitgeput. Wat ik verlangde te krijgen, bleef uit. Lynn zei dat er geen sprake was van een respons van mijn moeders kant waar ik tevreden mee zou kunnen zijn. Ik was zo boos op haar.

Mijn moeder was meegekomen naar deze zittingen omdat ik het haar had gevraagd. Ze geloofde wat ik haar vertelde. 'Betsy zou er niet om liegen,' zei ze tegen Lynn. Tijdens de gesprekken en ook daarna probeerde ze iedere vraag die ik haar stelde zo zorgvuldig mogelijk te beantwoorden. Ze liet mijn woede over zich heen komen en stelde zich niet te weer. Ik vroeg haar zich in verbinding te stellen met een therapeut in Californië die ervaring had met de behandeling van incestproblemen; ook dat deed ze. Ik vroeg haar te betalen voor wat extra therapie-uren voor mij, ze betaalde. Ze voldeed aan alles wat ik haar vroeg.

Toen ik mijn moeder vertelde dat ik dit boek aan het schrijven was, vroeg ze me nog eens zorgvuldig na te denken over mijn besluit het onder mijn eigen naam uit te brengen. Een paar maanden later belde ze me op en zei dat ze alles nog eens goed overdacht had, en dat ze er geen bezwaar tegen had. 'Ik denk niet dat er iets in dat boek zal staan dat afbreuk doet aan mij,' zei ze.

Maanden gingen voorbij. Ik vroeg haar of ze met me mee wilde gaan langs de mensen wier condoléancebrieven in dit boek zijn opgenomen om te vragen of ze toestemming wilden geven voor publicatie. Ze wilde met me meegaan, maar ze wilde niet om toestemming vragen omdat ze niet wist wat er in het boek zou komen. Ze vroeg niet (en heeft nooit gevraagd) wat er in het boek stond. Ik vroeg haar of er iets was waarover ze vragen wilde stellen. Even was het stil, toen zei ze: 'Nee.'

Wij bereidden ons voor om het aan onze kinderen te vertellen. We hadden het er maanden over; het was al lastig gewoon met hen over seksuele zaken te praten, dus we wisten dat praten over mijn seksuele ervaringen met mijn vader nog veel moeilijker zou worden. Met droefheid en afkeer bedachten we ons hoe erg het was dat de jongens zouden moeten weten dat dit soort vreselijke dingen voorkwamen in de wereld. We zouden hen liever tegen dit soort kennis beschermen. Toch waren we er heilig van overtuigd dat we het niet als een taboe uit de weg moesten gaan. Wat als een van hen nu eens seksueel misbruikt zou worden? Bovendien stond wel vast dat ze vriendjes hadden die misbruikt werden – uit verschillende studies bleek dat niet minder dan 1 op de 5 volwassenen als kind slachtoffer van seksueel misbruik is geweest. Als het onze kinderen kon overkomen, of hun vriendjes, dan moest er over gesproken worden – hoe zouden ze het ons anders kunnen zeggen, als er iets gebeurde? Bovendien, ze hadden gezien hoe overstuur ik was geweest. Ze hadden me zien huilen, ze hadden mijn woede, die in feite mijn ouders toekwam, over zich heen gekregen. Ik had ze al verteld dat ik allerlei nare herinneringen uit mijn jeugd moest verwerken; we wilden echter dat ze zouden weten wat er met mij was gebeurd, en wat er nu gaande was. We wilden hen helpen te begrijpen dat mijn narigheid niets met hen van doen had.

Vier maanden nadat ik mijn moeder had ingelicht, begonnen we dus de jongens voor te lezen uit een voorlichtingsboek, iedere avond een hoofdstuk. Ze waren toen tien en twaalf. We lazen het boek voor omdat we hun alle informatie eruit wilden geven, maar vooral het hoofdstuk Seksuele Misdrijven vonden we van belang. Zelfs na alles wat ik er al aan gedaan had, trof die titel me: Seksuele Misdrijven. Wat mijn vader had gedaan, was een *misdrijf*. Hij had ervoor gearresteerd en opgesloten kunnen worden.

We lazen het hoofdstuk. Ik zei: 'Jongens, we willen jullie iets vertellen. Wat we in dit boek hebben gelezen over ouders die hun kinderen dwingen seks met ze te hebben – dat is mij ook gebeurd. Mijn vader deed dat bij mij toen ik een kind was. Dat is waar ik in therapie mee bezig ben geweest; daarom huilde ik zo vaak en gedroeg ik me vaak zo onbeheerst.'

Ze zeiden niets. 'Wat hij deed was slecht en gemeen,' zei ik, 'maar het is niet iets waar je niet over kunt praten. Als jullie ooit zoiets overkomt, willen we graag dat je het ons kunt vertellen, net zoals wij het jullie nu vertellen.'

Mijn man zei: 'Ik wil dat jullie begrijpen hoe moedig mama is geweest. Ze heeft heel hard gewerkt, en ze heeft het er prima afgebracht deze dingen te verwerken.'

William vroeg of ze t.v. konden gaan kijken, en ze verdwenen. De rest van de avond kwamen ze me vaak even knuffelen.

Van tijd tot tijd roeren wij het onderwerp misbruik even aan, altijd in het algemeen. Mijn zoons zijn op de hoogte van dit boek en hebben het er met hun vrienden over gehad. Als ze me zien huilen of uitvaren – wat steeds minder vaak gebeurt – probeer ik ze er altijd op te wijzen waar dergelijke gevoelens vandaan komen. Ze maken niet de indruk door de informatie die we ze hebben gegeven, beschadigd te zijn. Wat mij zelf betreft, het feit dat ik het hun heb kunnen zeggen, geeft me een 'schoon' gevoel.

Verbanden

Toen Tom drie kiezen had laten trekken, zei William tegen hem: 'Lach eens, dan kan ik het zien.'
'Daar heb ik geen zin in.'
'Ach, toe nou,' zei William
'Daar heb ik geen zin in.'
'DOE NIET ZO MOEILIJK, MAN!,' schreeuwde William.
Tom pakte een houten stoel op en smeet die op de stenen vloer; daarna liet hij zich huilend op de bank vallen.
Ik was razend op William – en razend op mijn vader voor al die keren dat ik moest doen wat hij wilde, ook als het pijn deed, of door een weigering zijn woede en alles wat daarmee samenhing uit te lokken.
Die kiezen van Tom werden getrokken in de zomer waarin de herinneringen aan mijn jeugd in een sneller tempo aan de oppervlakte kwamen dan ik kon bijhouden. Over een paar weken zou mijn moeder komen om samen met mij een aantal gesprekken te hebben met een gezinstherapeut.
Ik had de kinderen wel verteld dat ik bezig was met akelige herinneringen aan mijn vader, maar wat die herinneringen inhielden had ik ze nog niet uitgelegd. Ik zat vol razernij en had geen idee wat ik er mee aan moest.
William kwam de keuken binnen en probeerde mijn blik te vangen. Ik weigerde hem aan te kijken. 'Waarom ben je zo kwaad?,' vroeg hij. 'Je kiezen laten trekken doet pijn, en jij laat hem niet met rust.'
'Bij mij doet het net zo pijn als mijn beugel strakker moet,' zei hij, 'en hij komt in mijn kamer en zit aan mijn spullen en hij zet de t.v. uit als ik zit te kijken, en jij doet er nooit iets aan. Jij wordt nooit kwaad op *hem* als hij stom doet tegen *mij*.'
Mijn nekharen gingen recht overeind staan en mijn handen begonnen te beven. Ik pakte een plastic maatbeker van het aanrecht en smeet die met volle kracht op de grond aan stukken. William stond me aan te staren. Ik zei – met harde, koude stem: 'Waarom ga je hem niet een flinke stamp voor zijn kop geven om hem alle narigheid die hij jou heeft gedaan, betaald te zetten!'
'Ik kan dit gewoon niet geloven,' schreeuwde en huilde William tegelijkertijd, '*hij* gooit met een stoel, en je wordt kwaad op *mij*!' Hij rende de trap op naar zijn kamer en smeet de deur dicht.

Als mijn vader thuis kwam uit zijn werk dronken mijn ouders wat en maakten onderwijl samen het eten klaar. Dan gingen we eten, heel gezellig, er werd gepraat en gelachen – dit was het leukste deel van de dag: de kribbige kater was voorbij, de spanning van vóór het eerste drankje was weggeëbd, en de dronken razernij was nog niet aan de orde. We aten vaak laat, en daarna lieten mijn ouders de vaat in de keuken staan en zetten zich verder in de woonkamer aan de wijn. Tegen die tijd ging ik naar bed. Even later kon ik ze beneden horen beginnen. Mijn vader mompelde zijïg: 'Wat is er, liefje?' Mijn moeder antwoordde kil: ' Dat weet je wel.' Waar gingen die ruzies over? Ik weet het niet meer, maar ik heb het wel geweten, want ik herinner me nog dat ik de aanleiding dwaas vond, en niet de moeite om ruzie over te maken. Er werd nog meer gemompeld en venijnig geantwoord, en dan begon het beneden op drift te raken. Zij vitte onafgebroken, haar stem steeds nijdiger en killer, en hij bleef zoetjes terug praten. Zij begon te huilen, hij mompelde weer wat. Zij viel aan, hij verdedigde. Langzaamaan werd hij boos, zijn beheersing verzwakte – zij drukte door. In de tijd dat ik een tiener was, heb ik twee keer gezien dat mijn moeder blauwe plekken in haar gezicht had. De eerste keer zei mijn vader tegen mij, in vertrouwen, dat ze, dansend in de woonkamer, was gestruikeld. Dronken – dat zei hij niet, maar ik nam aan dat het zo was. De tweede keer zei hij, waar zij bij was, dat ze uit de rijdende auto was gesprongen. Ze wierp hem een giftige blik toe, die in mijn ogen betekende dat ze mij probeerde te laten geloven dat hij haar had geslagen. Het kwam nooit bij me op dat hij dat zou doen; voor zover ik wist, had hij haar nog nooit geslagen. Wat hij deed, was aan mij zitten in het donker.

Enige tijd nadat ik die plastic beker had stuk gegooid, kwam William naar beneden en maakten we allemaal onze excuses. Ik ging door met het klaarmaken van vla en pudding voor Toms avondeten – de tandarts had hem voor de rest van de dag alle vast voedsel verboden. 'Mag ik morgen thuisblijven van kamp?,' vroeg Tom. 'Nee,' zei ik. Jaren heb ik geen 'nee' tegen mijn kinderen kunnen zeggen. Ik hield nog net mijn poot stijf op het gebied van junkfood en t.v.-kijken, voor een tijdje, en waar het autorijden zonder gordel betrof, altijd. Voor de rest kregen ze zo ongeveer alles wat ze maar vroegen, hoe slecht het soms ook uitkwam en hoe duur het soms ook was. Als ik niet toegaf, kwam er ruzie van en daar was ik bang voor. Ik was bang voor hun boosheid, en voor de mijne. Nu lukte het me soms net, maar ik was als de dood.

'Kan je me vroeg op komen halen, zodat we een paar worstebroodjes kunnen kopen?'

'Nee.' De spanning steeg.

'Zullen we er vanavond een paar halen?'

'Nee.' Ik had het gevoel dat ik zou ontploffen.

'Waarom niet?!,' krijste hij, 'je had beloofd dat je wat vlees voor me zou halen, stomme trut!' Hij smeet zijn schoen tegen de muur en William verdween weer naar zijn kamer.

En ineens was ik *zo woest*. Ik had maagpijn. Ik was *zo woest* om al die keren dat ik 'nee' had willen zeggen tegen mijn vader, maar te bang was voor zijn boosheid. Iedereen die hem kende zei dat hij zo'n rustig mens was; zijn vrienden en kennissen zagen hem dan ook nooit als hij zijn zelfbeheersing verloor. Soms werd hij zo kwaad – dat gebeurde voor het eerst toen ik een jaar of drie of vier was, en voor het laatst toen ik negen of tien was – dat hij me greep en naar de trap sleurde. Hij ging op een tree zitten, trok mijn broek omlaag en gaf me een pak slaag. Op een keer toen hij me pakken wilde, ontsnapte ik en sloot me op in mijn kamer. Maar hij kwam me achterna, bonkte met zijn vuisten op de deur en schreeuwde; 'Doe open, anders ram ik de hele deur in!' Ik lag op de verkreukelde jacquard sprei van mijn lage bed en keek naar de vlekken op het plafond. Ik hoorde zijn vuisten op de deur bonzen. Ik was bang om de deur open te doen, maar nog banger om het niet te doen. Bang wat hij met me zou doen als hij de deur moest forceren. Ik deed de deur open. Hij gaf me een pak slaag; de huid op mijn billen was heet en rood alsof ik te lang in de zon had gelegen.

Ik moest doen wat hij wilde. Ik moest naast hem bij het aanrecht staan als hij me een lesje 'sla-maken' wilde geven: 'Wrijf de houten bak in met een doorgesneden teentje knoflook, scheur (niet snij) de sla in hapklare stukjes, doe er wat olie over en schep luchtig om tot alles glanst.' Ik mocht niets zelf doen, ik moest daar alleen maar staan en de lezing aanhoren.

Op de middelbare school werd ik ooit gevraagd als lid van een clubje, maar vlak daarop werd ik door een van de leden gedeballoteerd. Ze belden mijn moeder op en vroegen haar die boodschap aan mij door te geven; dat deed ze. Ik zat in de woonkamer te huilen. 'Ik schaam me zo,' snikte ik.

'Kom eens bij me op schoot,' zei mijn vader. Ik schudde mijn hoofd.

'Kom eens bij me op schoot,' herhaalde hij, en ik moest wel bij hem op schoot kruipen en doen alsof ik werd getroost.

Ik moest me laten slaan, en ik moest sla-lessen aan horen, en ik moest op schoot zitten; en 's nachts in bed moest ik hem aan me laten zitten. Wat ik wilde deed er niet toe. Ik wist dat een weigering gevolgen zou hebben. Hij zou met mij doen wat hij met mijn zus had gedaan; hij zou me alle rotdingen, hem ooit door iemand aangedaan, betaald zetten. De stalen hand in de fluwelen handschoen. Kreeg me zeker te pakken. Dus deed ik wat hij van me verlangde, en slikte mijn boosheid in. Toen ik volwassen was en zelf kinderen had, merkte ik dat ik geen grenzen wist te trekken; als kind was ik er ook nooit in geslaagd grenzen te trekken. Ik deed wat mijn kinderen wilden, zoals ik vroeger had gedaan wat mijn vader wilde. Maar omdat zij zoveel minder machtig waren dan hij, hoefde ik mijn woede niet telkens in te slikken. Vaak braakte ik mijn razernij uit; ik schreeuwde en ging tekeer tegen hen; zij betaalden de prijs voor wat hij had gedaan.

Ik was me er niet van bewust dat het zo werkte. Ik wist alleen maar dat ik kwaad op ze was terwijl ze dat niet verdienden. Zo lang ik de losse stukjes van mijn verleden nog niet bijeen had, kon ik het verband tussen mijn boosheid op de kinderen en de zwijgende inschikkelijkheid van het kind dat ik zelf was niet zien. Toen ik dat verband voor het eerst wèl legde – op die dag dat Toms kiezen waren getrokken – werd ik nog veel bozer.

'Je hongert me gewoon uit!,' schreeuwde Tom, nadat ik hem nog een keer had uitgelegd dat de tandarts vast voedsel had verboden.

'Dood gaan zul je niet,' zei ik redelijk rustig. 'Je zult flink honger krijgen, maar overleven doe je het wel.'

Krijsend gooide hij me een krant naar mijn hoofd, en mijn kalmte was weg. Ik krijste en gilde als een peuter die een driftbui krijgt: 'IEK, IEK, IEIEIEIEIEIEIEK!' Toen slaagde ik erin een paar woorden uit te brengen: "IK BEN ZO WOEST! JE HEBT EEN KRANT IN MIJN GEZICHT GEGOOID ALLEEN MAAR OMDAT IK JE JE ZIN NIET GEEF! IK BEN GEWOON RAZEND!'

Ik kan me niet herinneren dat ik als kind driftaanvallen had.

Ik ging naar boven, naar mijn kamer en werkte de administratie bij, in de hoop mezelf te verliezen in rijtjes en kolommen. Tom kwam achter me aan, ging op bed liggen en eiste vlees.

Ik was weer rustig en rustig zei ik: 'Soms is het nu eenmaal zo dat je je een tijdje niet zo prettig voelt.'

'Kutwijf!,' krijste hij, en smeet mijn kussen op de vloer.

'IEK!,' gilde ik weer. Toen schraapte ik mijn keel en zei luid en duidelijk: 'Als je me uitscheldt, word ik woedend, en dan ga ik gillen.' Ik demonstreerde het meteen: 'IEK!'

'Idioot,' schreeuwde hij.

Ik kwam achter mijn bureau vandaan, rende naar het bed en boog me over hem heen, schreeuwend: 'Je bent een indringer! Ga uit mijn buurt, ga van mijn terrein af!'

Omdat hij de kamer niet uit wilde gaan, ging ik zelf.

Ik was buiten mezelf – door mijn vader die mijn terrein binnendrong en die het niets kon schelen, die niet eens merkte, dat ik hem niet in mijn buurt wilde.

Ik raasde een poosje door de keuken, toen stampte ik terug naar boven, waar Tom nog steeds op mijn bed lag. 'Ik ga melk halen,' zei ik tegen hem.

'Ik kom eraan,' schreeuwde hij. Ik stapte in de auto en haalde het portier van de voorstoel van het slot. Tom trok echter aan het achterportier en gluurde naar me door het raampje. Ik deed het achterportier van het slot en hij stapte in. 'Doe de radio uit,' zei hij.

'Nee, ik vind dit een leuk liedje,' antwoordde ik.

'Doe de radio uit,' zei hij met een stem waarin de escalerende razernij doorklonk.

'Nee!' Ik reed achteruit de oprit af.

'Doe die radio uit!'

'Nee! Nee! Nee!' Ik reed terug en zette de motor af. 'Ik kan nu niet veilig rijden,' zei ik, en stapte uit de auto, Tom achterlatend. Ik verliet het strijdtoneel.

Boven klopte ik bij William op de deur en hij deed open. 'Voor het geval je al dat geschreeuw beneden hebt gehoord, wil ik je even laten weten dat ik niets stuk heb gemaakt en niemand heb bezeerd.' Hij omhelsde me.

Als kind kon ik het strijdtoneel nooit de rug toekeren. Mijn vader hield me tegen. Ik wist dat ik niet kon ontsnappen, en zelfs als ik bij hem weg kon komen, wist ik dat hij me toch te pakken zou krijgen; als ik me verzette zou hij misschien... met mij hetzelfde doen als hij bij mijn zus had gedaan. Hij zou dat grote, lange, harde ding, die soort honkbalknuppel in dat gat steken dat helemaal tot binnen in mij liep.

Ze huilde toen hij het bij haar deed. Ik kon haar, vanuit mijn ledikant aan de andere kant van de kamer, horen. Zij was veertien, ik was drie. 'Het doet pijn, het doet pijn. Doe het niet. Doe het asjeblieft niet. Het doet pijn.' Ze klonk als een klein diertje. Hij zette haar alle rottigheid die iedereen hem ooit had geleverd, betaald.

Van later datum was zijn gewoonte om de hond aan zijn oren te trek-

ken. Lucky – een gladharig, glanzend zwart klein vuilnisbakkie, een vriendelijk, mal hondje, piepte dan, en ik schreeuwde zo hard ik kon: 'HOU OP AAN ZIJN OREN TE TREKKEN!'
Maar hij hield niet op. Mijn moeder en mijn zus stonden er zwijgend bij te kijken; mijn vader glimlachte en zei: 'Hij vindt het lekker.'

Tom kwam binnen en ging aan de keukentafel zitten. Ik leunde voorover en sloeg mijn armen om hem heen. 'Al dat geschreeuw is erg akelig voor je, hè?'
Hij knikte.
'Maar je weet wel dat het eigenlijk niet zoveel met jou van doen heeft. Je weet op wie ik echt zo boos ben.'
'Grootvader.'
'Hm-hm.'
'Je moet het niet zo op mij afreageren. Dat is niet eerlijk.'
'Nee, dat is helemaal niet eerlijk. Het moet vreselijk zijn als ik zo tegen je tekeer ga, vooral als je kiezen net zijn getrokken en je pijn hebt en ook nog niets eten mag.'
Ik knuffelde hem en hij leunde een poosje tegen me aan. Toen sprong hij grijnzend op, zijn ogen wijd open van plezier. 'Ik weet wat ik kan eten! Pindakaas! Maar ik wil niet die gewone. Ik bedoel, die is best en die eet ik ook heus wel, maar nu zou ik graag die kinderpindakaas willen, die met honing. Zullen we een potje gaan halen?'
'Ja.'

Het verleden

De laatste keer dat ik mijn moeders vader zag, was ik 28 en hij tachtig, en stervende aan emfyseem. Hij was kleiner dan ik hem mij herinnerde, kleiner dan ik, en heel mager. Hij zat aan zijn keukentafel met in de ene hand een sigaret en in de andere een glas whisky. Zijn hand beefde als hij een slok wilde nemen en hij kon nauwelijks drinken, zo hoestte hij. Toen we weggingen, glimlachten we allemaal, vader, moeder en ik, op een wezenloze manier. We deden net of er niets aan de hand was, en ik zei: 'Ik zie je weer in oktober', – het was toen juli – en ik wist, en ik wist ook dat hij dat wist, dat we elkaar nooit meer zouden zien. Die avond zat mijn moeder op de vloer voor de haard met een glas wijn in haar handen en de fles onder handbereik. Ze huilde en zei tegen mijn vader: 'Geef me iets dat ik me niet zo rot voel.' Mijn vader zei: 'Voor zoiets kun je niets innemen.'

Ik wist toen al dat mijn moeders vroegste herinnering bestond uit de scheiding van haar vader, al was dat niet hoe zij het noemde. Ik had haar gevraagd hoe haar vroegste herinnering eruit zag. In haar geheugen zag ze zichzelf lopen in de sneeuw en samen met haar moeder in een postkoets stappen. Ze vertelde me dat op kalme, peinzende toon. Waar gingen ze heen, vroeg ik mijn moeder. Ze gingen terug naar Oakland, vertelde mijn moeder, om bij grootmoeder te gaan wonen. Ze gingen weg bij haar vader.

Zij was toen drie jaar oud; toen ik dat verhaal hoorde, begreep ik dat voor haar de wereld op dat moment instortte zonder dat ze doorgrondde waarom. Wat ze echt voor me schilderde was een tafereel: knisperende sneeuw in een vrieslucht, de postkoets wachtend op de verlaten weg. En zelfs dat kreeg ik alleen te horen omdat ik ernaar vroeg.

Toen ik een kind was, hoorde ik mijn moeder nooit over haar vader praten. Pas toen ik volwassen was, vertelde ze me dat haar moeder altijd zei: 'Je vader geeft niets om je – daarom komt hij nooit eens bij je kijken.' Haar vaders versie luidde dat oma zo'n hekel aan hem had dat hij niet op bezoek mocht komen.

Toen ik klein was, huilde mijn moeder als haar vader weer afwezig was bij een of andere familieaangelegenheid. Ik begreep daaruit, al zei mijn moeder dat niet met zoveel woorden, dat je niet van hem opaan kon.

Er was een anekdote over hem die mijn moeder wel graag ophaalde: toen ze een tiener was, had een kennis van haar vader haar op een avond gezien in een illegaal kroegje.

'Bax,' zei die kennis later tegen mijn grootvader, 'heb jij een dochter?'

'Ja, die heb ik,' zei grootvader, 'maar hoe weet jij dat?'

'Ik zag een grietje in een kroeg en die leek sprekend op jou!'

Mijn moeder vertelde me niet waarom dit verhaal voor haar van belang was, maar zoals ik het nu begrijp gaat het om de verbondenheid met een vader. Al had ze dan sinds haar derde niet meer bij hem gewoond, ze had toch iets van hem: zijn gezicht. Het verhaal eindigde ermee dat hij haar verbood verder naar dat soort kroegjes te gaan. Dat betekende misschien – of zij hoopte op die betekenis – dat het hem iets kon schelen wat ze deed.

Zij sprak met mij niet over haar moeder, die was overleden toen zij zes was. Ik wist dat ze was opgevoed door haar grootmoeder. Ik weet dat die oma dol was op honkbal en opera's, en mijn moeder naar beide met evenveel enthousiasme mee nam. Mijn moeder hield dat beeld van oma in ere, als een soort kenmerk van gelukkige jeugd die ze zo graag had gehad.

Ik wist dat daar verder grootvader woonde, en overgrootmoeder, en de oom en tante die mijn moeder altijd aanduidde met 'mijn gekke tante Gertrude' en 'mijn gekke oom Julius'. In mijn idee waren zij twee excentrieke, aardige figuren, als hoofdrolspelers in een blijspel. Mijn zus had ook bij de familie van mijn moeder gewoond, en mijn vader vond het prachtig te vertellen hoe Julius haar allerlei vloeken en schuttingwoorden had geleerd nog voor ze vier jaar oud was. Op de dag dat mijn moeder mijn vader meenam om hem thuis voor te stellen, 'begroette Pat ons bij het hek; ze was toen nog geen vier,' schreef hij in zijn *Brief aan Betsy*, 'ze had het gezichtje van een engel en het taalgebruik van een bootwerker. "Goeiedag, ouwe zak," begroette ze me verlegen. Dit was het werk van Julius.'

Pas toen ik volwassen was, kwam ik erachter dat zowel Gertrude als Julius zich aan kinderen had vergrepen. Mijn moeder vertelde me dat ze voor mijn zusje was geboren, zeker twee kleine meisjes hadden misbruikt. Mijn vader was daarvan op de hoogte. Toch staat in zijn *Brief aan Betsy* dat Julius 'een hoogst opmerkelijke man was. Hij was een Belg, geboren in Parijs, en had een zigeunergrootmoeder. Hij sprak veel verschillende talen, waaronder een Chinees dialect. Hij was overal geweest...' Zo gaat het maar door, en Julius wordt neergezet als een prototype van een vertegenwoordiger van een andere cultuur.

*Mijn vader en zijn moeder,
1912.*

Mijn moeder als kind.

Hebben Julius en Gertrude mijn zuster vast ingewijd, en zo het pad voor mijn vader geëffend? Schuilt daar de ware bron van mijn vaders bewondering, dat ze broeders waren in dezelfde vreemde, geheime broederschap? Allebei mijn ouders groeiden op in armoede, al werd daarvan bij ons thuis niet gerept. In het eerste hoofdstuk van *Brief aan Betsy* beschrijft mijn vader vol warmte de korte periode van welstand die zijn familie meemaakte, en de bank in Greenwood, Mississippi, waar zijn vader in die tijd werkte. 'Daar kon je geld gewoon open en bloot *zien*.'

Mijn grootvader van vaders kant had aan de Universiteit van Mississippi een graad behaald, zich verder in bankzaken bekwaamd aan een school in New York en was bij de bank in Greenwood gepromoveerd tot hoofdkassier; hij had daar een eigen kantoor. Toen besloot hij te gaan boeren. Drie jaar achtereen verbouwde hij, op drie verschillende plaatsen, katoen. Het eerste gebied waar dat gebeurde, herinnerde mijn vader zich als mooi en exotisch. Er waren bossen rondom, je kon er goed vissen, en er viel veel te spelen, en in huis stond het complete werk van Poe. Het tweede jaar woonden ze in een bouwvallig huis zonder elektra, water uit een pomp boven de paardentrog en een halfopen buiten-wc waar het stikte van de wespennesten. Het derde jaar bleven mijn vader, zijn moeder en zijn zus in de stad, terwijl zijn vader naar weer een andere boerderij toog. Het vierde jaar verhuisde het gezin naar Jackson en kreeg mijn opa een baan als boekhouder bij zijn zwager, die één van de rijkste en machtigste mannen van de staat werd. 'We huurden een klein huisje dat verschrikkelijk koud was, en overdag volstrekt verlaten,' schreef mijn vader, 'het was er altijd smerig. Het eten was een ramp. We waren arm.' Ook zijn moeder werkte, eerst bij een verzekeringsmaatschappij, en later – tot ze met pensioen ging – bij een bank. Mijn vader noteerde dat zijn ouders 'laat en uit hun humeur' thuis kwamen, en dat zijn moeder in al die jaren nooit sprak over het katoen-avontuur behalve om te zeggen: 'Toen zijn we alles kwijtgeraakt wat we ooit hadden.'

Mijn grootmoeder zie ik voor me met samengeknepen lippen, een vrouw vol wrok, die mijn opa continu liet boeten voor zijn falen. Mijn grootvader zat evenzeer vol wrok, maar gaf lucht aan zijn frustraties door de grappen ten koste van anderen waar hij bekend om stond. Een van de mooiste verhalen daarvan vond mijn vader die keer dat mijn zusjes verloofde bij grootvader op bezoek ging en een stuk suikerriet kreeg aangeboden om op te kauwen. De bedoeling was dat je het sap doorslikte en de vezels uitspoog, maar dat wist Nate, stadsjongen uit Chicago, niet. Hij wilde graag een goede indruk maken op de familie van mijn zus en kauwde dus zo goed en zo kwaad als het ging de vezels stuk en slikte ze door. 'Neem nog wat,' bood grootvader aan. Nate nam nog meer, kauwde en slikte. Mijn vader beëindigde dit verhaal altijd door smakelijk te lachen over hoe misselijk Nate wel was geworden van al dat suikerriet.

Toch beschrijft mijn vader hem in zijn biografie niet als een wrede man, maar als een moedig mens. 'Zijn grootste deugd was zijn moed. ...Op de een of andere manier gaf hij nooit op, hij klaagde ook nimmer. Zijn problemen hield hij voor zich.'

Ook over zijn moeder geen kwaad wordt in deze officiële versie van zijn kinderjaren. 'Mijn moeder had een hoop fouten; wie niet trouwens,' schreef hij, 'en daar op doorborduren heeft geen enkele zin. Daar staat tegenover dat ze haar kinderen zeer toegewijd was en enorme offers bracht om ons door onze opleidingen heen te krijgen.'

Er zijn twee verhalen die in mijn ogen de relatie tussen mijn vader en zijn moeder karakteriseren. Het eerste heeft hij me nooit zelf verteld; ik hoorde het van mijn moeder na zijn overlijden. In zijn middelbare schooltijd kwam hij op een dag thuis, helemaal vol van een les over de evolutie. Hij wilde zijn enthousiasme graag delen met zijn moeder – maar zij dwong hem naast haar te knielen en hardop om vergeving te bidden.

Het andere verhaal wordt wel vermeld in *Brief aan Betsy*, en ik heb het hem in de loop der jaren vaak horen vertellen. Mijn grootmoeder was een overtuigd baptist, een geregelde kerkganger en een absoluut geheelonthouder. Op een keer toen ze bij ons was klaagde ze over indigestie. Mijn vader schonk haar een bodempje crème de menthe in, en, zoals hij zelf zei, 'daarmee was het probleem over'.

'Er zit toch geen alcohol in?,' vroeg ze. Mijn vader verzekerde haar dat dat niet het geval was. Uit voorzorg had hij op de fles voor de aanduiding 60 % een decimale punt gezet. De drooglegging was in Mississippi nooit opgeheven, en toen mijn grootmoeder terug naar huis was en in verschillende winkels naar crème de menthe vroeg, bleek niemand het te verkopen. Dus schreef mijn vader naar een vriend met het verzoek op de zwarte markt wat flessen crème te kopen – en daarbij vooral niet te vergeten die decimale punt op het etiket te zetten.

Op een feestje ontmoette ik ooit een stel dat een varken als huisdier had. Wanneer dat beest iets verkeerd deed, dwongen ze hem bacon te eten. Zo'n verhaal had mijn vader prachtig gevonden. In feite draait het om een vorm van verkrachting, een daad van geweld, net als bij die crème de menthe. Hetzelfde geldt voor die evolutie-geschiedenis: mijn vaders moeder was in staat mijn vader geestelijk geweld aan te doen, zelfs toen hij al in de puberteit was, een periode waarin een mens meer dan ooit de vitaliteit heeft om zich af te zetten tegen de bestaande orde. Heeft mijn grootmoeder mijn vader seksueel, geestelijk en psychologisch verkracht? Leefde zijn vader zijn wrok niet alleen uit in wrede grappen, maar ook op de lichamen van zijn kinderen? Ik kan er alleen maar naar raden; toch kan ik niet anders dan vermoeden dat er een verband bestaat tussen deze twee anekdotes en de door mijn vader openlijk beleden seksuele normen.

'Verleiding is het centrale thema van de hele komedie van het leven,' schreef hij, 'in het hele dierenrijk, en de mens is een dier, is het het vrouwtje dat de voorbereidingen treft voor seks. ...Ik betwijfel ernstig of alle hofmakerij van de kant van een man ooit tot iets zou leiden, tenzij de vrouw toch al willig was. ...En zo ontrolt de komedie zich verder in de richting van het door de vrouw gestelde doel. ...Ieder idee omtrent mannelijke dominantie is volslagen kolder.'

Een bizarre bewering, komend van een kinderverkrachter, maar wel een die mijn vaders zelfbeeld bloot legt – en mogelijk ook dat van *zijn* vader – een machteloos slachtoffer, gemanipuleerd door vrouwen.

Mijn vaders verslag van zijn eigen carrière lijkt parallel te lopen met die van zijn vader; hoewel grootvader failliet ging en mijn vader zowel financieel als professioneel zeer succesvol was. Toch hebben zowel vader als zoon, in mijn vaders ogen, te maken gehad met aanvankelijke beloften van de vrouw, en latere desillusie. In zijn autobiografie schrijft mijn vader met intens heimwee over zijn aankomst in San Francisco, 1935:

De trein arriveerde op de pier bij Oakland rond middernacht; ik ging aan boord van de pont, en voelde voor het eerst sinds dagen wat koelte. Ongeduldig wachtend tot ik een glimp van de stad op zou vangen, was ik op het voordek gaan staan. De koude wind blies dwars door mijn linnen pak heen en ik hield mijn strooien hoed vast. Ik rilde van de kou maar meer nog van opwinding. Ik had nooit voorzien dat ik een heel nieuw leven met een compleet nieuw stel mensen zou beginnen; nieuwe waarden, nieuwe doelen. Allerminst had ik verwacht daar je moeder aan te treffen, mij opwachtend met een heel nieuwe persoonlijkheid; een geest zo fris als de koude, schone lucht die ik daar midden in de baai inademde.

In San Francisco specialiseerde mijn vader zich gedurende zes jaar in de chirurgie; toen ging hij het leger in. De langste tijd van de oorlog was hij gestationeerd in het Letterman ziekenhuis in San Francisco. In 1945 was hij zes maanden in Okinawa, waar hij gewonde frontsoldaten opereerde. Bij zijn terugkomst zag hij zichzelf min of meer als een ontmand mens door die diensttijd. Ongeveer een maand ging voorbij tot hij een één-jarig contract kreeg als hoofd van de afdeling chirurgie en opleiding in het Southern Pacific ziekenhuis. De verlangde leerstoel aan de Universiteit van Californië 'werd geen werkelijkheid', zoals hij schreef, en hij deed er verder ook geen moeite voor, al zeiden mensen dat hij een talent voor lesgeven bezat en al zei hij zelf dat hij het heel graag deed. In plaats daarvan verhuisde hij naar een voorstad en nam deel aan een privé-praktijk met een aantal collega's die hij niet mocht; hij accepteerde een betaling die volgens hem onder de maat was. Hij was succesvol, werd gerespecteerd, door zijn patiënten op handen gedragen, door collega's gewaardeerd; hij kreeg diverse onderscheidingen. Maar niets hierover in zijn autobiografie; slechts een terloopse verwijzing naar de 'haat, angst en schuld' die de ruzies om geld tussen zijn medewerkers opriepen. Niets over het werk zelf, vrijwel niets over mijn moeder, al staat er wel dat zij liever in ons eigen, gewone, bescheiden buurtje wilde blijven dan – zoals mijn vader wilde en uiteindelijk ook gebeurde – te verhuizen naar Hillsborough, een uiterst sjieke plaats in Noord-Californië.

Zijn terugkeer van overzee, hij was toen 44, staat vermeld op bladzijde 180 van zijn autobiografie; het boek eindigt op pagina 193 met het verslag van hoe hij mij op het vliegtuig zette toen ik mijn eerste jaar aan de universiteit inging. Toen was hij 48. Veertien jaar in dertien pagina's. Het meeste van wat hij schreef, ging over mijn zus en mij en onze romantische escapades: ik veronderstel dat hij ons zag, en ook wilde dat wij ons zelf zouden zien, als spelers in een door hem geschreven drama, in de rollen waar hij ons voor opgeleid had, op een door hem ingericht toneel, met hem als regisseur.

In dat laatste, beknopte hoofdstuk schetst hij zichzelf als een welhaast tragische figuur die zijn verloren mogelijkheden en dromen overpeinst, afgezet tegen de energie en betrokkenheid waarmee hij destijds naar San Francisco kwam. Maar dat betreft de officiële geschiedschrijving; ik vraag me af of die energie en betrokkenheid er ooit geweest zijn, anders dan in zijn fantasie. Ik kan maar niet – en wil ook niet – vergeten dat hij destijds, toen hij zo bewogen schreef over mijn moeder die daar in San Francisco op hem wachtte met haar totaal vernieuwde persoonlijkheid, haar al vele malen had bedrogen, met andere vrouwen, en met haar dochters.

Twee generaties: mijn moeder, haar overgrootmoeder, haar grootmoeder, tante Gertrude en Pat, 1935.

Waarom? Waarom bedroog hij haar, en ons? Waarom weigerde zij er haar ogen voor te openen? Moet ik genoegen nemen met de kant-en-klare, keurige, deterministische verklaring? Zij liet ons in de steek omdat ze zelf in de steek was gelaten. Hij was gewelddadig tegen ons omdat hij zelf gewelddadig was benaderd. Nee. Zij maakten keuzes. *Zij* waren verantwoordelijk voor hun daden, niet hun ouders, al hebben die mogelijk niet voor hen gezorgd en van hen gehouden zoals ze hadden moeten doen.

In zijn *Brief aan Betsy* beschrijft mijn vader een feestje in de officiersclub, ergens tijdens de oorlog. 'Het was op die avond dat ik een vrouw kneep die stond te praten met een generaal die op bezoek was. Het was een bekakt mens, dat zich veel voorstelde van de carrière van haar man. Ik wist dat ze toch niets kon laten merken, dus even later kneep ik haar nog eens flink. Toen voelde ik me beschaamd. Zij stond nog steeds beleefde flauwekul uit te wisselen met die generaal, maar in haar ooghoek verscheen een grote traan.'

Hij herkende in deze vrouw het slachtoffer, een slachtoffer zoals ook mijn zus en ik geweest waren: 'Ik wist dat ze toch niets kon laten merken.' Hij legde haar zijn wil op – op een onbenullige, triviale manier misschien, vergeleken bij wat hij met ons had gedaan, maar toch: een daad van geweld. Toen deed hij het nog eens; daarna schaamde hij zich. Wat hield die schaamte in? Die betekende dat hij haar vernedering doorzag. Hij wist wat hij deed. Vervolgens hield hij het verhaal 25 jaar lang voor zich, om het dan op te schrijven zodat zijn dochter het kon lezen.

Ik zou graag terug gaan in de tijd, naast die vrouw, mijn mede-slachtoffer gaan staan, en tegen mijn vader zeggen: 'Hou je handen thuis, vuile kinderverkrachter, anders hak ik je ballen eraf!' Ik zou een scène willen maken, daar in die officiersclub. Ik zou het willen uitschreeuwen zodat iedereen het kon horen. Ik zou willen dat iedereen wist wat hij met die vrouw deed, wat hij mijn moeder aandeed, mijn zuster aandeed, mij aandeed. En waarom. Hij deed het omdat hij het wilde, omdat het hem een gevoel van macht verschafte.

'Mijn eigen, allerliefste jongen'

Twee dagen voor zijn zeventiende verjaardag vertrok mijn vader van huis in Jackson om in Oxford, Mississippi aan zijn eerste studiejaar te beginnen. De dag na zijn vertrek schreef zijn moeder hem deze brief:

14 september 1928

Mijn eigen, allerliefste jongen,

Nu ben je pas 24 uur bij me weg, en het lijkt al eeuwen, behalve dat ik alle herinneringen aan de liefde en de vele, lieve dingen van jou nog heb om aan te denken. Ik dacht dat ik het gisteren niet kon verdragen naar huis te gaan, maar moest natuurlijk naar je zus. Mijn hart brak toen ik je kamer binnen ging. Ik weet zelfs niet wanneer ik er ooit naar binnen zal gaan om op te ruimen. Toen ik vanochtend mijn ogen opende, dacht ik er meteen aan dat het de hoogste tijd was om jou te roepen dat je op moest; toen schoot het me te binnen. Maar Moeder brengt dit offer zodat jij kunt studeren, en natuurlijk is er geen enkel verdriet dat God niet kan wegnemen. Ik zal je altijd missen en naar je verlangen, maar deze vreselijke hunkering en leegte zullen verzachten, en ik zal in staat zijn me mede te verheugen in alle goeds dat op jouw weg komt omdat ik weet dat daar geen enkele jongen zal zijn die op welk gebied ook jouw meerdere kan zijn. Geen enkele jongen zal een helderder verstand hebben dan jij, en ik weet dat je overal met kop en schouders bovenuit zult steken. Ben zeer benieuwd te vernemen hoe de professoren over je denken en hoe alles gaat. Gisteren kreeg ik een brief van de Scouts, ze nodigden me uit voor een feest vanavond. Onderaan stond een post scriptum van mijnheer Morgan waarin hij zijn bewondering voor jou uitspreekt en hoezeer hij je zal missen; hij dringt erop aan dat ik vanavond kom, maar zo zonder mijn jongen kan ik dat niet opbrengen. Ik zou er geen vreugde in vinden.
En wanneer je deze brief krijgt, is mijn lieve, heerlijke zoon alweer zeventien. Dit is de eerste verjaardag in je hele leven dat ik

er niet ben om je in mijn armen te nemen en te kussen voor elk jaar dat je leeft. Mijn hart is bij jou en in gedachten stuur ik je nog veel meer kussen dan die zeventien. Open je hart voor mijn signalen en je zult ze ontvangen. Een groot cadeau kon ik me niet permitteren, maar in je koffer zit een klein presentje uit liefde voor de allerliefste jongen die een moeder ooit heeft gehad.

De bank gaat zo open, dus ik moet eindigen.

Een hart vol van liefde, een wereld van kussen, goede wensen voor mijn zeventien jaar oude mannetje.

Je immer toegewijde,
Moeder

Geld

Toen ik een jaar of zes of zeven was, vertelde mijn zusje op een ochtend aan het ontbijt dat ze 's nachts op weg naar de badkamer langs mijn kamer was gekomen en mij daar midden in de nacht naakt over de vloer had zien kruipen terwijl ik in mijn spaarpot gluurde. 'Alles goed met je?,' had ze gevraagd. 'Er is iets geks met mijn spaarpot,' zei ik. Ik wist er 's morgens, toen zij het vertelde, niets meer van. Toen ik mijn spaarpot bekeek, kon ik daar niets bijzonders aan ontdekken. Zo te zien was er niets uit weg. Pas nu, als ik terug kijk, begrijp ik dat er natuurlijk wel iets weg was, *wel* iets van me was gestolen – macht, integriteit, autonomie – en krijg ik oog voor de symbolische waarde die geld toen voor me had, en nu nog heeft.

Het zakgeld dat ik kreeg, hamsterde ik. Ik verzamelde spaarpotten en één in het bijzonder kan ik me nog goed herinneren, die had ik bij een postorderbedrijf besteld. Van dat ding lag ik echt wakker: ik was ervan overtuigd dat die spaarpot mijn leven zou veranderen. Hij was van rood, geëmailleerd metaal, ongeveer zo groot als een sigarendoosje; hij had zes gleuven en zes ovalen venstertjes waar je etiketten op kon plakken. De gleuven gaven toegang tot zes kleine aparte vakjes. Je stelde je zes doelen, verdeelde je inkomsten in zessen en deed dan alles in de zes aparte vakjes tot je genoeg had om je zes liefste wensen te bekostigen. Het kleine, rode doosje ging op slot met een sleuteltje, zo'n klein sleuteltje dat ook bij dagboeken zit. Ik was er weg van, maar liep stuk op mijn onvermogen om zes hartewensen te verzinnen – of zelfs maar één. Ik wilde veel liever het geld dan wat anders; ik wilde geld in handen hebben. Zo lang het niet werd uitgegeven, waren de mogelijkheden oneindig. Ik bewaarde mijn geld dus niet in het rode doosje, maar in een oude pindakaaspot; zo kon ik mijn vermogen zien groeien. Bij de kruidenier op de hoek kochten wij op rekening en daar haalde ik elke dag na schooltijd Liga-koeken; van mijn moeder kreeg ik geld om op zaterdagochtend naar de film of naar de rolschaatsbaan te gaan. Ik hoefde mijn geld dus nergens aan uit te geven. Alles ging in de spaarpot, als een waarborg tegen toekomstige gevaren en rampen. Sparen gaf mij een veilig gevoel.

Toen ik een kleuter was, leerde ik het begrip 'wensen' kennen. 'Doe eens een wens,' zei een vriendinnetje tegen me. We zaten achterin de auto van mijn ouders.

'Wat bedoel je?,' vroeg ik.

'Je weet wel. Doe een wens, iets wat je hebben wilt.'

Ik zwaaide met de paardebloem die ik in mijn hand had. 'Deze wil ik.'

'Nee, je moet iets wensen wat je niet hebt.'

Ik speelde het spelletje mee, maar voor mij was het een loos gedoe. Als ik iets niet bezat – wat dan ook – kon ik me ook niet voorstellen dat ik er op een of andere manier aan kon komen. Zelfs nu heb ik er de grootste moeite mee iets te willen hebben. Ik heb, zolang ik me kan herinneren, er de voorkeur aan gegeven niets te willen, voor het geval ik iets zou willen dat ik niet kan krijgen. Het is beter als een bedelaar te leven en mezelf nooit te laten weten dat ik iets verlang, dan iets te verlangen en het niet te krijgen.

In onze familie golden regels met betrekking tot geven en krijgen, al werden die nooit uitgesproken of bevestigd. Je kon niet vragen om iets wat je graag wilde hebben. Als iemand je vroeg wat je wilde, wist je het niet. Je kon ook niet aan de anderen vragen wat zij wilden. Wat je kreeg, moest je mooi vinden.

Zoals in de meeste gezinnen, weerspiegelde een cadeau het beeld dat de gever had van de ontvanger en de relatie tussen die twee. Het verschil was dat bij mij thuis een ideaalbeeld moest worden weerspiegeld, van een perfecte relatie. Je werd geacht geen vergissingen te maken; gebeurde dat toch, dan betekende dat iets vreselijks.

'Raad eens welk liedje dit is,' zei Tom kort geleden tegen me, en blies een paar noten op zijn saxofoon. Hij grinnikte. 'Als je het niet weet, hou je niet van me.'

Ik moest zo vreselijk lachen dat de honden kwamen aanlopen om te kijken wat er was. Hij had zo precies getroffen hoe de zaak lag in mijn kinderjaren: als ik verkeerd raadde en mijn ouders een teleurstellend cadeau gaf, hield dat in dat ik niet van hen hield. Kwamen mijn ouders per ongeluk met het verkeerde voor mij aan, dan betekende dat dat ze niet van mij hielden. Mijn zusje had de gave mensen dat te geven wat ze graag wilden hebben en ze bleek – althans wat mij betreft – altijd heel erg ingenomen met wat ze kreeg. Maar de anderen, mijn vader, mijn moeder en ik, deden altijd of we alles prachtig vonden; er stond te veel op het spel om eerlijk te zijn.

Misschien kwam het door deze huichelarij dat het geven van cadeaus voor mij op een of andere manier verbonden raakte met andere dingen waar je niet over sprak, dingen die in het duister van de nacht plaats vonden. In het donker leerde ik dat er niet zoiets bestond als geven; er bestond alleen maar afgedwongen worden. Niet zoiets als krijgen; alleen dingen door je strot geduwd krijgen. Ik leerde geen wensen te hebben, omdat mijn wensen geen belang hadden; geen enkel belang. Met kerst werd één regel opgeschort: met kerst mocht ik iets vragen. Een jaar was het een pluchen leeuwtje met gele manen, een ander jaar een drie-kleuren ballpoint. Mijn ouders ginnegapten er met vrienden over hoe makkelijk ik tevreden was te stellen. In het jaar dat ik elf was, wilde ik voor Kerstmis een witte, gebreide trui met een col en driekwart mouwen. Ik beschreef hem gedetailleerd aan mijn ouders, en aan iedereen die vroeg wat ik dit jaar wilde hebben. Het ding was nooit uit mijn gedachten. Ik zag mezelf al helemaal voor me: mijn haar gekruld, geen bril op, en zo tussen mijn vrienden staan, met die witte trui aan. Ik was er zeker van dat ik wist in welke doos onder de boom mijn trui zat, en elke dag pakte ik het pakje een paar keer op en schudde het heen en weer; ik hoorde de trui over de bodem glijden.

Maar ik was de petticoat die mijn moeder een paar maanden geleden voor me had gekocht helemaal vergeten. In die tijd droegen meisjes drie of vier petticoats onder wijde, katoenen rokken. Ik had mijn oog laten vallen op een petticoat van één laag, aangerimpeld aan een heupstuk, al zei ik niemand dat ik die graag wilde. De petticoat die mijn moeder voor me kocht bestond uit drie lagen met aangerimpelde stroken. Ik had mijn teleurstelling niet verborgen, en zij had me laten weten hoe gekwetst ze was. En nu, op die kerstochtend, maakte ik mijn pakje open. Er zat een elastische zadelriem in. 'Wij hebben besloten jou geen kleren meer te geven,' zei mijn moeder, 'je vindt wat wij voor je uitkiezen toch nooit mooi.'

Over geld werd bij ons bijna nooit gesproken – zo zelden dat ik dacht dat het een onderwerp was waar prettige mensen niet over repten, zoiets als 'dood'. Nooit heb ik mijn zus horen vragen om een kasjmier trui, al vroeg zij daar volgens de annalen van onze familie doorlopend om. Ze was dol op kleren, en moet zeker ook hebben gevraagd om jurken, rokken, schoenen, ondergoed; maar die kasjmier truien waren iets speciaals; volgens ons bezaten haar schoolvriendinnen in Hillsborough stápels van die truien. In zijn *Brief aan Betsy* schreef mijn vader dat mijn zus 'geld wilde, en de dingen die je met geld kunt kopen'. Toen mijn zusje een kind was, zo werd mij verteld, konden ze voor haar niet dezelfde dingen kopen, die ze mij later wel konden geven. Door een of ander karaktergebrek – ze zeiden het niet met zoveel woorden, maar ik begreep dat ze het zo interpreteerden – stelde zij geld gelijk aan liefde, en voelde zich in het een tekort gedaan omdat ze het ander niet kreeg. Dat was – zo begreep ik dat ze er over dachten – een opzettelijk fout van haar en typerend voor haar chronische ondankbaarheid, want aan liefde kwam ze absoluut niets te kort, net als ik. Minachtend sprak mijn vader over haar verlangen naar 'populariteit, status, en materiële welvaart', alsof dergelijke verlangens kenmerkend waren voor een verdorven natuur. 'Vanaf heel vroeg in de puberteit wist zij precies wat ze wilde,' schreef hij, 'ze had een ijzeren wil en stevende recht op haar doel af, zonder zich van de wijs te laten brengen.' Het verbaasde hem niets toen ze zich van haar man liet scheiden om te trouwen met een miljonair. 'Max,' zei hij tegen me, als ging het om een kwalijk geheim, 'is zo godvergeten rijk, daar heb je geen idee van.'

Mijn moeder ging bij ons thuis over het geld, misschien wel omdat mijn vader geld zo iets machtigs en engs vond dat hij er niets mee te maken wilde hebben. Ik herinner me nog hoe mijn moeder aan een grote, eikehouten tafel rekeningen zat te betalen. Die tafel was een van de grote, lelijke meubelstukken die bij het huis hoorden en waar we mee leefden tot onze verhuizing. Mijn vader had het tafelblad bekleed met een stuk gespikkeld, crèmekleurig linoleum; hetzelfde als op de keukenvloer lag. Toen hij daarmee bezig was, ik was een jaar of vijf, zei hij telkens tegen me: 'Blijf met je vingers van het linoleummes af.' Dat mes had een gebogen blad, als de snavel van een roofvogel, en ik keek hoe makkelijk en soepel hij daar het linoleum mee sneed, het leek wel boter. Hij was er een hele zaterdag mee bezig, en liet daarna het mes op de grond liggen. Zondagmorgen stond ik eerder op dan zij, probeerde voorzichtig hun kamerdeur en wist, toen ik die op slot vond, dat ik mezelf stilletjes alleen moest vermaken. Ik ging naar beneden en pakte dat mes en een stukje linoleum. Ik wilde het, net als papa, netjes en haaks afsnijden, maar het mes gleed weg en schoot uit over de wijsvinger van mijn linkerhand. Ik ging naar de badkamer en pakte een pleister. De snee was bijna net zo lang als de pleister, ik plakte de pleister er in de lengte op en het bloed kwam er aan weerszijden doorheen. Ik hoorde hun slaapkamerdeur opengaan. Ze vonden het leuk als ik op zondagmorgen even bij ze in bed kwam, maar deze ochtend wachtte ik tot ze me riepen. Ik stond naast hun bed en verborg mijn hand achter mijn rug.

Ik wist dat ze boos zouden worden, en dat werden ze. Maar er hoefden, zoals mijn vader zei, in elk geval geen hechtingen in. Het litteken zit nog altijd over mijn knokkel, een diagonaal, zilverig streepje.

Ik wil niet terug naar dat moment: mijn moeder zit aan die eiken tafel met het linoleumblad rekeningen te voldoen, in het licht van de plafonnière boven haar, dat harde schaduwen werpt over haar gezicht en de papieren op tafel. Ik sta in de deuropening naar haar te kijken en vraag: 'Ben je boos?' 'Nee,' snauwt ze, zonder op te kijken.

Nu doe ik in ons gezin de financiën; nu word ik boos als ik de rekeningen betaal, en snauw ik tegen mijn kinderen als ze me storen. Wat is geld voor mij? Bloed. Iets wat je moet hebben om te kunnen leven, maar het sijpelt weg en je kunt er niets tegen doen, net als het bloed uit mijn vinger toen ik me met het linoleummes had gesneden; net als het bloed elke maand, vanaf mijn twaalfde. Een bloederig geheim: je kunt er met niemand over praten.

Ruim een jaar voor ik voor het eerst ongesteld zou worden, ging ik wel tien keer per dag naar de wc om te kijken of ik al bloedde. Wat moest ik doen als ik zou bloeden en het dwars door mijn kleren heen sijpelde? Wat als mensen de vlek achterop mijn rok zouden zien? Ik herinnerde me de hevige menstruaties van mijn zus. Ik weet nog hoe we met de auto op vakantie waren en dat zij mijn vader smeekte om even te stoppen omdat ze haar verband moest verwisselen; hij wilde niet stoppen voor we bij het motel waren waar we die nacht zouden slapen. Toen we daar aankwamen rende ze de auto uit en sloot zich op in de badkamer. Zijn ingehouden woede en haar bloed zijn in mijn gevoel verbonden met iets wat ik in die vakantie heb gezien, iets tussen mijn vader en mijn zus, dat ik me net niet helemaal scherp kan herinneren.

Toen ik uiteindelijk ongesteld werd, was ik er helemaal niet op bedacht. Ik was met vriendinnetjes in de achtertuin aan het spelen; ik ging naar de wc en zag die rode druppel in de pot liggen, donkerrood en ongeveer zo groot als een zilveren dollar. Het was alsof de luchtdruk plotseling veranderde, of ik een geluidloze donderslag onderging. Ik wilde het niet tegen mijn moeder zeggen, maar ik had haar nodig om me te helpen op dit onbekende terrein van gordeltjes, verband en bloed dat maar niet ophield met stromen, hoe hard ik dat ook wenste.

Ze verschafte me wat ik nodig had en noemde me 'mijn kleine vrouwtje'. Ze stopte me in haar bed, dekte me toe en sloop zachtjes de kamer uit. Ik kan dat verband tussen mijn benen nog voelen – groot en bultig – en ik weet nog dat ik dacht dat ik dat nu mijn hele leven zou hebben, iedere maand opnieuw, jaar in jaar uit, voor altijd.

Het betekende dat ik zwanger kon worden. Hoe werd je zwanger? Ik had geen idee. Ik bestudeerde de twee boeken die mijn moeder me jaren geleden had gegeven, *Growing Up to Be a Baby* en *Being Born*, maar uit de beschrijving van de auteur kon ik de procedure niet afleiden. Kon je zwanger raken door bij een man in bed te liggen? Als ik op zondag bij mijn ouders in bed kroop, kon ik daar dan van in verwachting raken? Ik ging naar mijn moeder om haar in alle rust een en ander te vragen; plotseling was ik in tranen en kwam er geen zinnig woord meer uit. 'Wat gebeurt er met me?,' snikte ik, 'ik begrijp er niets van!' De vragen die ik onder woorden wist te brengen, beantwoordde ze; de onuitgesproken vragen niet.

Bloed en geld, bloed en geld. Als ik rekeningen zit te betalen, heb ik het gevoel dat ik bloed: het geld stroomt weg, een gigantische geldstroom als vloeien bij een miskraam. Ik geef niet veel voor mezelf uit, maar de rekeningen blijven komen. Ik moet er een eind aan maken, maar dat lukt me niet; ik bloed leeg van binnen en ik kan het niemand zeggen. Als ik alle betalingen in het kasboek heb genoteerd, zal blijken dat er niets meer over is, al het geld is weggebloed; dat is allemaal mijn schuld, ik ben degeen die de rekeningen betaalt en het geld beheert. Zonder geld kan mijn man geen *man* zijn; hem kan ik het dus niet zeggen. Ik mag het zelfs zelf niet te weten komen. Ik kan het kasboek nooit volledig invullen want het eindresultaat zal ons vernietigen. Hoeveel geld hebben we? Dat blijft geheim, want als hij erachter komt, gaat hij dood en blijf ik alleen achter. Maar ik ben al alleen, alleen met dit geheim dat ik zwijgend met me mee draag. Ik wil er niet langer alleen mee zijn.

In feite hebben wij genoeg geld, een omstandigheid die iedereen – wonderlijk genoeg – heel normaal vindt. Maar ik voel me arm. Als mijn kinderen om een jojo vragen, of om een kwartje voor een videospelletje, heb ik het gevoel dat ze me geweld aandoen. Hun wensen overweldigen mij; koop dit voor me, geef me dat, ik wil dit, ik wil zus, ik wil zo; ik moet hun geven wat ze willen en ik kan pas aan mezelf denken als iedereen voorzien is, en het komt nooit zo ver dat ze alles hebben wat ze willen, dus ik blijf altijd wachten. Ik durf niets willen, want het enige dat ik voorzie is eindeloze frustratie, altijd en altijd, nooit eindigende moeite.

Ik ben op kamp met de scouts en twee meisjes geven me opdrachten: 'Ga hout zoeken voor het vuur,' zegt de een. Als de ander me hout ziet verzamelen, roept ze; 'Wat doe jij nou? Hou daarmee op en veeg de rommel rond het kampvuur weg.' Ik moet doen wat ze zeggen. Terwijl ik heen en weer ren, blijft mijn gezicht onbewogen. Ineens maak ik dat ik weg kom, en stort mezelf op de oude slaapzak die mijn vader nog mee heeft genomen uit de oorlog. Ik hap naar adem en snik, maar zonder tranen. Ik krijg geen adem meer en kan niets zeggen. Een van de leidsters komt bij me zitten, ze legt een hand op mijn rug, en na verloop van tijd ben ik voldoende gekalmeerd om haar te vertellen wat er aan de hand is. Zachtjes zegt ze: 'Weet je, je hoeft iets niet te doen, alleen omdat een ander het zegt.' Dat wist ik niet. Dat had nog nooit iemand me verteld!

Boodschappen doen met de kinderen: Tom zegt: 'Mag ik chips? Mag ik pinda's? Mag ik een zak Milky Ways? Mag ik een paar marsen?' Net als die meisjes in het kamp wil hij wat van me. William verbergt zijn verlangens zelfs voor zichzelf en probeert zijn broer met vragen op te laten houden; het eindigt ermee dat zij bekvechten en ik er tussen zit. Ik krimp ineen, klem mijn handen om de duwstang van het karretje, en zeg 'nee'; ik voel hun woede oplaaien, ik weet dat ik dit niet vol ga houden. 'Goed, jullie mogen suikervrije kauwgom,' zeg ik ten slotte, en ik voel me machteloos.

En dan schaam ik me ontzettend. Ik wil niet dat de cassière, of de andere mensen in de winkel, of kennissen, weten dat ik kauwgom koop voor mijn kinderen, dat ik ze verwen, dat ik ze hebzucht en snoeplust bijbreng. Mensen laten kijken hoe je geld uitgeeft is bijna net zo kwalijk als mensen laten kijken hoe je seks hebt.

In de zomer dat onze kinderen acht en zes jaar waren, namen we hen mee naar de Louisiana World's Fair; het liefst gingen ze naar de automatenhal om te flipperen. We gingen steeds met zijn vieren. Er was geen sprake van dat ik zou zeggen: 'Ga jij maar met de jongens; ik drink nog liever een bak slootwater dan dat ik daar nog eens inga.'

Dus stond ik in dat schemerige gangetje tussen de rinkelende videospelletjes; mensen trokken aan handles en duwden op knoppen en tuurden naar de abstracte voorstellingen op de beeldschermen. Voor mij was het de hel. Onze kinderen vroegen steeds om meer geld en mijn man gaf het ze. Ze wisselden munten en papier voor kwartjes, wierpen kwartjes in de gleuf en probeerden met de ballen zoveel mogelijk punten te scoren. Voor punten kregen ze strookjes die ze bewaarden. Vlak voor sluitingstijd gingen we nog een keer naar die hal voor een laatste flippersessie en uiteindelijk hadden ze genoeg strookjes verzameld voor de hoofdprijzen: een grote, pluchen vogel en een reusachtige alligator met een man op zijn borst.

Ik had ook wel geflipperd, in Capitola, een vakantiepark aan het strand, waar wij toen ik klein was vaak in het weekend naartoe gingen. Ik weet nog dat ik dat deed, maar kan me niet herinneren dat ik geld kreeg van mijn vader. Mijn ouders zullen in de tijd dat ik speelde wel naar de bar naast die hal zijn gegaan, en als ik meer geld wilde, moet ik daar in de ingang hebben staan wachten tot iemand me zag, want minderjarigen mochten in Californië niet in een bar komen. Die bar zie ik wel voor me: zonlicht viel binnen via het grote balkon dat uitkeek over het water, er stonden glanzende, ronde tafels. Hij gaf me geld, maar ik denk dat hij de pest in had dat ik erom vroeg. Ik maakte al zijn geld op, ik zoog hem uit. Als ik er niet was, zou hij zich lekker voelen en veilig zijn; ik was lastig. De kosten aan kleding en vermaak zouden hem de das omdoen.

Nooit had hij genoeg; zijn leven lang was hij bang dat wat hij had hem afgepakt zou worden.

Daar heb ik voor moeten betalen.

De boze geesten uitdrijven

Er is een periode geweest in mijn leven, voor ik van de incest wist, dat ik elke morgen een warme maaltijd klaarmaakte voor de honden. Ik mengde volkorenmeel, sojabonen, bloem, gist, knoflook, beendermeel, eieren, maisolie, levertraan, tarwekiemolie en verse groenten door elkaar, kneedde het mengsel in een cakevorm, en schoof het in de oven. Als de groente van de dag ui was, rook de hele keuken naar quiche; een andere keer rook de hele keuken naar Limburgse kaas.

Toen er een vriendje bij een van mijn zonen logeerde, kwamen ze 's morgens via de keuken naar de kamer om tv te kijken. Slaperig keek het vriendje naar de cakevorm die op de oven stond af te koelen. 'Wat is dat? Chocoladecake?'

'Chocoladecake?,' echode mijn zoon, met een ongelovige trek op zijn gezicht; dan schoot hem de waarheid weer te binnen. 'Oh, dat is gewoon het hondevoer van mijn moeder.'

In die zelfde periode noteerde ik ieder kruimel die ik in mijn mond stak. Aan de binnenkant van de kastdeur in de keuken hing een kaart waarop ik de administratie bijhield: hoe laat ik iets at, hoeveel calorieën erin zaten, hoeveel gram eiwit, hoeveel gram vet. Daarnaast had ik een maandoverzicht, waarop ik mijn dieetscore voor elke dag en per week noteerde aan de hand van een puntensysteem dat ik had ontworpen.

Ik was ervan overtuigd dat een gezond en uitgebalanceerd dieet – ik heb er door de jaren heel wat uitgeprobeerd – mij gelukkig zou maken: ik zou niet langer gespannen en somber zijn, ik zou van mijn kinderen genieten, ik zou vrolijk en opgewekt door het leven huppelen, kortom, ik zou een volmaakt mens worden.

Mijn hele leven heb ik van die fantasieën gehad over perfectie en controle. In een zomer, toen ik nog niet in therapie was, besloot ik dat onze hond – we hadden er toen nog maar één – vlooien had omdat zij niet genoeg aandacht kreeg. (Dit was meteen na mijn vruchteloze zoektocht naar een orthomoleculaire dierenarts, al vond ik een jaar later wel een holistische dierenarts, die voor dertig dollar bereid was mij telefonisch te woord te staan.) Ik reserveerde tien minuten per dag, tussen het ophalen van de kinderen van zwemles en het wegbrengen naar de tennisbaan, om de hond te knuffelen. Dat hield ik een goede week vol, tot ik in een unieke vlaag van gezond verstand tegen me zelf zei: 'Hou op met die onzin,' en lekker een dutje ging doen.

In het algemeen echter begon ik volkomen ernstig en toegewijd aan dergelijke ondernemingen. Mijn wortelsap-fase bijvoorbeeld. Een van mijn boeken adviseerde een dieet van vers groentesap om een trage stofwisseling te stimuleren. Nu was mijn stofwisseling zeker traag na de plotselinge overstap van het Fructose Dieet van Dr. Cooper op het Pritikin Programma. Ik kocht een sapcentrifuge en sloeg een voorraad wortels in. Ik voelde me een stuk beter, en het viel me op dat ik minder tegen de kinderen schreeuwde, al kan dat hoopvol zelfbedrog zijn geweest. Bovendien werd ik oranje. 'Jij hebt een raar kleurtje,' zei de dokter toen ik bij hem kwam omdat ik steeds hoofdpijn had.

'Oh, dat komt van het wortelsap, niets om bezorgd over te zijn.'

'Je leverenzymen zijn verhoogd,' meldde de dokter.

'Oh,' zei ik.

Ik wilde niet geloven dat ik dat mezelf had aangedaan, maar er zat weinig anders op, want zodra ik ophield met mijn wortelsap, werden de bloedwaarden weer normaal en hield de hoofdpijn op.

Een paar weken lang zat ik in het slop, qua voeding, maar toen ontdekte ik de macrobiotiek. Ondanks een zeker onvermogen om aanvankelijk onderscheid te maken tussen yin en yang, volgde ik het dieet enthousiast, aangetrokken door het fundamentalisme ervan en de belofte dat ik nooit meer boos zou worden.

Mijn diëten en lijsten vormen mijn drug. Als ik ineens de drang voel iets grondig te organiseren – de linnenkast op kleur inruimen, de kruidenpotjes alfabetisch rangschikken, alle garantiebewijzen uitzoeken en sorteren – dan weet ik dat iets me achterna zit, dat een pijnlijke dissonant aan de oppervlakte dreigt te komen. Dan zoek ik iets om de tijd mee te vullen, iets om die gevoelens van hulpeloosheid, verlatenheid en woede mee te onderdrukken.

Als ik me vol sta te proppen met nootjes uit de keukenkast, als ik het snoep van de kinderen pik, als ik een banaan eet, en dan een appel, en dan een peer, en dan een grapefruit, en dan wat rozijnen, en dan een boterham met pindakaas en jam, en dan nog een zak chips, weet ik ook dat er narigheid dreigt. 'Verdrongen pijn voel je niet,' zei een studievriend ooit, en eten is een van de manieren om pijn te verdringen; zo duw ik de gevoelens weer omlaag, net zoals ik mijn hand voor mijn mond houd als ik huil.

Bijna mijn hele leven is er sprake geweest van óf honger lijden óf me te buiten gaan, in alle opzichten. Ofwel ik ben feilloos en hang mijn kleren onmiddellijk op als ik ze uittrek; rokken aan de ene kant, blouses aan de andere kant, en alles op kleur. Of ik ben slonzig en laat alles over de stoel slingeren, vuil en schoon door elkaar. Ik eet drie keer per dag volkoren, verse groente en bonen, of de hele dag door vette, zoete rommel. Ofwel een systeem op kleur, of totale chaos. Als ik alles 'onder controle' heb, is mijn maag samengetrokken tot een kleine, harde bal. Valt de controle weg dan is mijn maag pijnlijk uitgezet, gevuld met alles wat ik naar binnen heb gewerkt in een zinloze poging mezelf te vullen. De vreugde van de soberheid: werken, werken, werken; sparen, sparen, sparen. Laat nooit iemand je erop betrappen, met name jij zelf niet, dat je plezier maakt. Ik zeg tegen mezelf dat ik liever zou spelen, maar dat is een leugen. Er is een hang in mij naar koude baden en groente, ik wil een soort nieuwe mens oproepen, ik wil steeds en steeds feillozer worden tot ik het van mijn eigen lichaam heb gewonnen.

Toen ik eenmaal wist wat er in mijn kinderjaren was gebeurd, zag ik in dat dit dwangmatige gedrag een manier was om greep op de dingen te houden en verdriet te verdringen. Dergelijk gedrag is een signaal, en dus een zegen. Waarom maak ik deze lijst? Waarom eet ik die koeken? Soms kan ik lang genoeg stoppen om mezelf vragen te stellen, soms pauzeer ik zelfs lang genoeg om mezelf toe te staan de pijn te voelen. Voor even.

Dwanghandelingen zijn soms de moeite van het volvoeren waard, alleen al om hun intrinsieke schoonheid. Aan de binnenkant van weer een andere kast – niet die van de dieetlijsten – zitten twee dozijn kaartjes opgeplakt. Op die kaarten staan in stevige, zwarte letters allerlei zaken genoteerd:

ANTIBIOTICA, PAK, OORDRUPPELS, PLAKBAND, PLEISTERS. Ik mag die kast graag open doen en naar die geruststellende verzameling kijken.

'Wat zijn *dat nou?*,' vragen de vrienden van mijn zoons.

'Mijn moeders herinneringskaartjes.'

'O, ja.'

'Die plakt ze buiten op de kast als ze iets niet wil vergeten.'

'O, ja. Ja, natuurlijk.'

De dood

Mijn vader stierf op een dag in juni, 1979, toen wij op vakantie waren in Florida. William was drie, hij was in zijn korte leventje één keer eerder op het strand geweest. Tom, dertien maanden, had tot dan toe alleen het zand van de zandbak gezien. We stapten uit de auto en liepen rechtstreeks naar de zee; de kinderen stoeiden met elkaar, lachten en rolden over elkaar heen door het zand. Mijn man en ik keken naar hen, lachten ook en omhelsden elkaar.

In Californië waren mijn ouders en hun gasten – een paar van onze leeftijd – net klaar met de lunch; zij wilden naar het zwembad bij hun appartement lopen om te gaan zwemmen. Mijn vader zei dat hij een beetje last van zijn maag had en dat ze maar zonder hem moesten gaan. Al snel herkende hij echter de pijn van zijn tweede hartinfarct. Hij was 67; zijn eerste infarct had hij gehad toen hij 48 was. Hij riep een badmeester om mijn moeder op te sporen. Een paar minuten later verscheen de ambulance die hem naar het ziekenhuis bracht; hetzelfde ziekenhuis waar hij de afgelopen dertig jaar vrijwel dagelijks operaties had uitgevoerd.

Zijn vorige infarct beschrijvend, vertelde hij hoe hij zich voelde nadat de pijnstiller zijn werk had gedaan: 'Waar eerst de pijn zat, zetelde nu een gevoel dat eigenlijk nog het meest weg had van een diep verdriet. Ik bedacht me dat de poëtische "dood door een gebroken hart" ongetwijfeld een hartinfarct was, veroorzaakt door smart.'

Nu lag hij op de Intensive Care, suffig van de morfine, maar wel bij bewustzijn. 'Ik haal het wel,' zei hij tegen mijn moeder.

Wij, in Florida, vonden bij thuiskomst een briefje van het kantoor op de deur van ons huisje. Ik belde mijn moeder en ging daarna een eindje wandelen met William om hem te vertellen dat zijn grootvader erg ziek was en misschien zou sterven, en dat we de volgende ochtend naar Californië zouden gaan.

We stopten de kinderen in bed. De neef van een vriend van ons kwam oppassen terwijl wij een strandwandeling maakten, maar ik wilde niet bij de kinderen weg, zelfs niet als ze sliepen; bovendien vond ik dat de golven te veel lawaai maakten.

Mijn man en ik liepen terug naar het huisje, ik dacht na over mijn vader.

Ik dacht aan onze rondes op zaterdagochtend, de pannekoekenfeesten die hij voor het ontbijt aanrichtte, onze fietstochtjes naar Coyote Point, het zitten op zijn schouders als we ijs gingen halen. Ik probeerde mezelf met die beelden aan het huilen te maken. Het lukte niet. Ik dacht dat het mijn schuld was dat onze verhouding slechter was geworden na een – naar ik mij herinnerde – fijne, geborgen jeugd. Tegen de tijd dat hij dood ging, was onze relatie heel neutraal en vrijblijvend – in mijn ogen. We spraken alleen over feitelijkheden, nooit over gevoelens; onze gesprekken waren ongeïnspireerd, tenzij hij mij iets uit kon leggen waar ik belang in stelde. Mijn gevoelens bleven buiten schot. Zelfs als ik had geweten hoe ik mijn masker kon laten zakken, had ik dat niet gewild. Het idee alleen al maakte me angstig, al wist ik niet waarom.

Als volwassene had ik altijd het gevoel dat ik me tegen hem moest verdedigen, dat ik een muur moest opwerpen. Ik zag mezelf, en de grenzen tussen hem en mij, als breekbaar. Zodra het contact wat losser werd van mijn kant, werd ik nerveus en trok me terug. En nu was het me onmogelijk om hem te rouwen.

In het huisje lag een bijbel, daar las ik wat psalmen uit. We kropen in bed. Ik las een flutboekje, sukkelde weg, en schoot ineens wakker. Het leek van het grootste belang wakker te blijven: als ik in slaap viel zou er iets vreselijks gebeuren.

Er was geen telefoon in het huisje. Als mijn moeder ons 's nachts wilde bellen, zou ze het kantoor aan de lijn krijgen en de bedrijfsleider moeten vragen mij te halen. Ik wist dat een klopje op de deur betekende dat mijn vader dood was.

Midden in de nacht, terwijl ik lag te soezen, kwam dat klopje. Ik liep met de bedrijfsleider mee naar het kantoortje en nam de telefoon aan. 'Mama?' 'Hij heeft het niet gered,' zei ze. We reden naar huis en namen vandaar met zijn vieren het vliegtuig naar Californië. Toen wij de volgende morgen aankwamen, stonden net de eerste overlijdensberichten in de kranten:

Dr. Clinton V. Ervin, 67 jaar, stafchef van Crystal Springs Revalidatie Centrum in San Mateo en meer dan veertig jaar arts voor het Peninsula, stierf zondagnacht aan een hartaanval in het Mills Memorial Ziekenhuis. Tijdens zijn leven was hij onder meer hoofd van de afdeling chirurgie van het Southern Pacific Ziekenhuis in San Francisco; stafchef en hoofd chirurgie in Mills; hoofd chirurgie van Peninsula Ziekenhuis, Burlingame; lid van het chirurgisch team van Chope Community Ziekenhuis, en wetenschappelijk hoofdassistent aan de medische faculteit van de Universiteit van Californië. Hij was tijdens de oorlog vier jaar medisch officier in Letterman General Ziekenhuis in het garnizoen; later vertrok hij naar Okinawa en klom op tot luitenant-kolonel. ...Zijn belangstelling ging, naast zeer veel andere zaken, uit naar de behandeling en het herstel van alcoholisten. 'Ik ben geïnteresseerd in mensen en het genezen van mensen,' zei hij ooit zelf om zijn brede scala aan activiteiten te schetsen. Dr. Ervin was gedurende drie jaar voorzitter van de San Mateo County Medical Society... Dr. Ervin was een van de eersten om zich bezig te houden met de emotionele problemen rond borstkanker... Hij gaf zijn steun bij de oprichting van het Verbond van Amerikaanse artsen en tandartsen in het begin van de jaren zeventig, teneinde bepaalde regels van de overheid terug te dringen omdat ze naar zijn gevoel strijdig waren met het belang van de patiënten. In 1974 gaf hij zijn eigen praktijk op en werd hij stafarts bij San Mateo County Crystal Springs Revalidatie Centrum, en dat bleef hij tot zijn dood...

De dienst voor mijn vader zou worden gehouden in de Anglicaanse Kerk St. Matthews, naast het Mills Ziekenhuis, waar hij werkte en stierf. Hoewel mijn ouders alleen in de kerk kwamen bij huwelijken, begrafenissen, en bij de doop van hun kleinkinderen, waren veel van mijn vaders collega's lid van de kerk. De tijdelijke predikant, die pas kort in de stad was, maakte bezwaar tegen mijn voorstel om de aanwezigen enige liederen te laten zingen. Omdat mijn vader geen lid van de kerk was, zou de congregatie maar klein zijn, en dus zou zingen iel en weinig overtuigend lijken. De kerk zal heel vol zijn, wilde ik zeggen, maar ik had er de energie niet voor.

Na ons gesprek met de predikant, woonden mijn moeder en ik een herdenkingsdienst bij in het Crystal Springs Revalidatie Centrum bij, waar hij had gewerkt nadat hij zijn eigen praktijk had beëindigd. De eetzaal was vol. Er waren verpleegkundigen, artsen en patiënten, velen van hen in rolstoelen. Ik hoorde dat de patiënten de dienst georganiseerd hadden. Er werd gebeden, gesproken en gezongen. Toen we 'Swing Low, sweet chariot' zongen, huilde ik, maar niet genoeg om mijn behoefte aan tranen te bevredigen. Tijdens 'He's got the whole world in His hands' voegde de voorganger er een regel aan toe: ' He's got Dr. Ervin in His hands, He's got Dr. Ervin in His hands, He's got the whole world in His hands.'

De volgende dag was de kerk helemaal vol, afgeladen met collega's, patiënten, vrienden en buren. Later vertelde mijn moeder me dat er in het ziekenhuis maar één collega van mijn vader bij haar had gezeten toen mijn vader stervende was, en dat zijn dokter, een vriend van jaren her, haar in de wachtkamer opbelde om te zeggen dat het afgelopen was. Maar op deze dag waren allen samen gekomen. Het had wel Pasen kunnen zijn. Ik betreurde de niet gezongen liederen hevig. Ik dacht dat ik, als we nu maar 'The strife is o'er, the battle done,' of 'Time, like an ever-rolling stream, bears all his sons away' zongen, wel had kunnen huilen.

Gerald Egelston, een oude vriend van mijn ouders, stuurde vanuit New York een herdenkingsbrief, die een vriend van mijn vader in de kerk voorlas:

Wie hem kenden als hun arts, kenden hem in de eerste plaats als een zachtaardig mens, die vertrouwen opriep vanaf het eerste consult, en aan wiens handen je je bij het eerste onderzoek met een gerust hart overgaf. Hij was een arts met zachte handen; zijn patiënten werden zowel fysiek als psychisch en intellectueel aangeraakt. Zorgvuldig begrip van de operatie werd doorgaans snel vergeten in de troostende zekerheid dat deze zachtaardige, bezorgde man voor ons zorg zou dragen... Een gesprek met hem was een genoegen. Hij was een man met een brede belangstelling, en zijn wetenschappelijke geest sloeg alles wat hij las op; zo kon de conversatie via sociale problemen overstappen op wijnen, muziek, sportvissen, van antieke meubelen naar de specifieke spierontwikkeling van go-go dansers. Alle boeken vormden graan voor zijn intellectuele molen. Hij discussieerde graag en zou elk standpunt verdedigen om een levendige gedachtenwisseling gaande te houden...
Hij was een groot man, groots ook in zijn vermogen om mensen lief te hebben en voor hen te zorgen; de velen die Clint bewonderden en van hem hielden, als patiënt, collega, vriend of familielid, voelden die zachte kracht, die verwarmde.

Na afloop van de dienst stonden mijn moeder en ik achterin de kerk terwijl de mensen voor ons langs schuifelden, ons omhelsden en kusten, en vertelden hoeveel mijn vader voor hen had betekend. Toen gingen we terug naar mijn moeders flat en aten wat haar vrienden voor ons hadden gebracht. Er bleven heel lang mensen bij ons.

De volgende ochtend stonden mijn moeder en ik bij zonsopgang op en de ziekenhuis-kapelaan, die ook piloot was, reed ons naar een klein vliegveld aan de kust. De as van mijn vader hadden we bij ons in een busje zo groot als een koekblik. De kapelaan nam ons mee in een klein vliegtuigje de stralend blauwe hemel tegemoet. Hij zette het vliegtuig op de automatische piloot zodat het boven zee bleef cirkelen. Hij vroeg of wij misschien iets uit de bijbel wilden voorlezen. Mijn moeder las psalm nummer 32, ik koos nummer 46: 'God is onze toevlucht en sterkte, ten zeerste bevonden een hulp in benauwdheden. Daarom zullen wij niet vrezen, al verplaatste zich de aarde, al wankelden de bergen in het hart van de zee. Laat bruisen, laat schuimen haar wateren, laat de bergen beven door haar onstuimigheid. Een rivier – haar stromen verheugen de stad Gods, de heiligste onder de woningen des Allerhoogsten. God is in haar midden, zij zal niet wankelen; God zal haar helpen bij het aanbreken...'

De kapelaan haalde zijn zakmes te voorschijn en sneed de verpakking van de doos open. Hij opende een vliegtuigraampje. Hij nam het deksel van de doos. Er lagen stukjes wit bot in, zoals de witte stenen die mensen wel in hun tuinen leggen. Hij hield de doos buiten het raam en keerde hem om en de stukjes zweefden weg van het vliegtuig en dwarrelden omlaag tot ze verdwenen in de schittering van de zon op het water.

Bij mijn moeder thuis begonnen de condoléancebrieven binnen te komen. Veel mensen schreven over mijn vaders vriendelijkheid, zijn gevoel voor humor, zijn onderwijs, zijn medeleven. Het meest voorkomende woord was 'zachtmoedigheid'. Velen spraken over de liefde van mijn ouders voor elkaar: hoe gezegend ze waren met die liefde, hoe gelukkig mijn moeder met mijn vader was geweest, hoe zeldzaam een dergelijke, echt warme band tussen twee mensen was. Mijn moeder had zeker heel mooie herinneringen aan mijn vader, stond in die brieven. Niets zou haar ooit die herinneringen afnemen.

Condoléances

Iedere keer als ik bij hem in de spreekkamer kwam, voelde ik me op mijn gemak; bij andere dokters was dat nooit zo. ...Ik voelde me altijd prettig als ik bij hem wegging, ik dacht altijd met genoegen aan hem terug. Ik zal dokter Ervin mijn leven lang nooit vergeten.

Clint gaf mij voor het eerst het gevoel dat ik een competent mens kon worden, dat ik iets van mijn leven zou kunnen maken. Hij schreef mijn eerste aanbevelingsbrief toen ik ging studeren, gaf me daarvan een kopie en daarmee meteen een subtiel gevoel van zelfvertrouwen. Clint leek altijd respect te hebben voor wat ik te zeggen had, al lijkt veel daarvan achteraf nogal pedant. In een periode dat ik me verward en onzeker voelde, gaf hij me gevoel van eigenwaarde. Hij bezat niet alleen het vermogen dat wat warm en positief was in mij en in anderen te raken, hij slaagde er met zijn zachtmoedige humor ook in de problemen van het dagelijks leven in perspectief te zetten. Na een wel heel hectische avond met mijn vader kwam Clint langs, praatte met me en hield mijn hand vast tot mijn huilbui over was. Wat hij tegen me heeft gezegd, weet ik niet meer, maar ik weet wel dat ik tegen de tijd dat hij wegging, weer lachte.

Van de dochter van mijn vaders vriend

Jij en dokter Ervin hebben zoveel voor mij betekend. Ik hield werkelijk van jullie beiden. Ik wil dat je weet hoezeer ik dokter Ervin zal missen. Het is alsof de hele wereld stil zou moeten staan.

Van mijn beste schoolvriendin

Hij was werkelijk een vriend en levenskameraad voor mij. Hij liet mij de eerste schreden in de chirurgie zetten toen ik in het San Mateo kwam, en 27 jaren lang heeft hij mijn leven verrijkt met zijn vriendelijkheid, wijsheid; hij heeft me geleid en geïnspireerd, begrepen, getroost en aangemoedigd... Als je dacht dat je hem eenmaal kende, kwam hij op de proppen met een of ander verbazend nieuw inzicht, verrassend en opwindend. De kalme bescheidenheid van deze man vormde een schitterend contrast met de waarlijk grootse persoonlijkheid van Clint.

Voor mij is hij altijd een van de grote leiders geweest; voor mijn gevoel heeft hij evenveel of meer invloed op mijn ontwikkeling gehad als alle andere mensen die mij ooit hebben gevormd. ...Het leven van ieder van ons heeft aan rijkdom gewonnen door zijn inbreng.

Van een docent aan Harvard Medical School

Hij was een heer in de ware zin van het woord, en werkelijk vrijheidslievend. Zijn kwaliteiten als chirurg spreken voor zich. Een gebeurtenis waar ik nog altijd met trots aan terugdenk, is de periode waarin Clint en ik een motie voorbereidden binnen de Medical Society, waarin we onze afkeuring uitspraken over de van overheidswege ingestelde 'eed van trouw,' – een later onwettig verklaarde eed. Het was heerlijk in één adem te worden genoemd met iemand wiens zin voor vrijheid en waardigheid zo zeer van binnenuit kwam en waar iedereen zich de moeite waard bij kon voelen.

Clint beschikte over een uitzonderlijke geest. Hij was superieur in het blootleggen en verklaren van fundamentele problemen. Voor mij was hij degene bij wie ik altijd een duidelijke uitleg en een heldere visie kon vernemen op het vlak van medische vragen. Hij was heel goed in het herkennen van persoonlijkheidsconflicten.

In de eerste plaats waren het zijn warmte en vriendelijkheid die indruk op mij maakten; bovendien beschikte hij over een heerlijk gevoel voor humor en had hij plezier in zijn eigen bestaan en dat van anderen. Uniek was zijn vermogen allerlei mensen op hun gemak te stellen. Zelfs nu nog kijk ik met veel plezier op de periode terug; ik voelde me deel van de familie. Ik heb sindsdien veel andere mannen leren kennen, en op een aantal ben ik zeer gesteld. Zeer weinigen heb ik echt bewonderd – Clint wel.

Van mijn eerste vriendje

113

Clint verenigde twee kwaliteiten in zich – zeldzaam – hij was een denker
én een doener. Daar komt nog bij dat hij zich werkelijk betrokken voelde en zijn best deed iets goeds aan deze wereld toe te voegen. Iedere
ontmoeting met Clint was een vreugde: hij was aardig, slim en geestig –
een prettig mens om mee te verkeren.

Als beginneling kwam ik in 1952 bij Dr. Ervin in de kliniek. Hij was
vriendelijk, hulpvaardig en geduldig. Zijn superieure kwaliteiten als
chirurg waren bij iedereen bekend, maar, en dat was volgens mij net zo
belangrijk, hij leerde je ook vertrouwen, zachtmoedigheid en werkelijke
betrokkenheid. Te zien met welk een tact hij met de ziekten en problemen van zijn patiënten omging, was voor mij een unieke les, als ver-
pleegkundige.

Clint was een van mijn oudste, zeer wijze en betrouwbare vrienden. Hij
was bovendien een goed mens in de zin dat hij zachtmoedig, meelevend, weinig veroordelend was en, als arts, onvoorwaardelijk voor zijn
patiënten stond. Zijn diagnose was zorgvuldig, zijn behandeling vaar-
dig. Hij verwijderde mijn blindedarm en ik was daar slechts 36 uur mee
met ziekteverlof van mijn werk. Ik ben voor veel dingen dankbaar... dat
hij een kort ziekbed heeft gehad, dat hij zijn leven vervuld heeft, het
hoofd heeft geboden aan de stormen en staande is gebleven, waardig en
gerespecteerd door al zijn naasten. God heeft Clint aldus gezegend.

114

'Waarheid is een betrekkelijk begrip'

In mijn laatste studiejaar, toen mijn zus haar man had verlaten voor Max, raakte ik verwikkeld in een amoureuze driehoeksverhouding; ik voelde me niet bij machte me daadwerkelijk aan een van beide jongens te binden. Verward en verdrietig belde ik naar huis in een poging een uitweg te ontdekken. In antwoord op mijn telefoontje schreef mijn vader deze brief, die hij nooit verstuurde. Ik vond hem bij de andere papieren die mijn moeder me 25 jaar later deed toekomen.

Je telefoontje riep meer vragen op dan ik zou kunnen beantwoorden, hoe graag ik het ook zou willen. Om te beginnen willen we je bedanken dat je ons belt als je problemen hebt. We hopen dat je dat zult blijven doen. Mijn opmerkingen over eerlijkheid in verband met Pat hebben je zeker in verwarring gebracht; ik had ze vermoedelijk voor me moeten houden, per slot van rekening heeft zij haar eigen beweegredenen die voor haar de juiste zijn. Waarheid is een hoogst ongrijpbaar & betrekkelijk begrip. Onze gebrekkige zintuigen snijden ons onherroepelijk af van de werkelijkheid & we kleuren onze waarneming afhankelijk van de stemmingen en gevoelens van het moment. De intellectuele verwerking van wat we aan feiten zien is er vaak naast & ons geheugen bewaart veelal onjuiste beelden. Dat alles bij elkaar leidt tot de opvatting - voor mij in elk geval - dat waarheid een subjectieve zaak is, die er vanuit verschillende gezichtspunten nooit precies hetzelfde uitziet.
Hoe moeilijk is het niet om oprecht te zijn als de waarheid geen eenduidig, helder iets is. We leren dat alles zwart of wit is, en dat in een wereld die zo kleurrijk is; zelfs grijs heeft nog nuances van pastel.
De waarheid zeggen is dus technisch gesproken een moeilijke zaak. Waarom zouden we er zelfs ons best voor doen? Dat het, in deze hypocriete wereld, 'van ons wordt verwacht' mag nauwelijks een goede reden heten. Twee redenen die ik ervoor zie zijn: het behouden van het vertrouwen van iemand van wie ik houd, en feitelijke zelfbescherming en instandhouding. Hieruit volgt

115

meteen dat vertrouwen «doorgestreept» de beste bedoelingen
«doorgestreept» niet altijd met de waarheid gediend zijn, zeker als
daar niet naar wordt gevraagd. De waarheid kan zeer hard zijn &
niet iedereen die er naar vraagt, wil haar ook horen. Vaak is het
beter haar te omzeilen door iemand een andere koers op te sturen
door stembuiging of veranderen van onderwerp, door iets geheel
of gedeeltelijk te verzwijgen of de nadruk te verleggen. Hoe
dichter je bij de feiten blijft, des te kleiner de kans om gesnapt te
worden. Met die mogelijkheid moet je altijd rekening houden;
zorg dat je zinnetjes als: 'Dat heb je verkeerd begrepen,' 'Ik heb
me vergist,' of 'Dat heb ik niet echt zo bedoeld,' altijd bij de
hand hebt. Als je te maken krijgt met een situatie die vraagt om
oprecht bedrog, zorg dan dat je het eenvoudig en plausibel
houdt. Verander vervolgens van onderwerp. Word je betrapt, dan
werkt: 'Ik heb het alleen voor jouw bestwil gedaan,' heel goed.
Een bekwaam leugenaar zal opmerken: 'Jij hebt me ertoe
aangezet. Het is jouw schuld.' Maar om dit overtuigend te
brengen, heb je meer ervaring nodig dan ik hoop dat je zult
opdoen.
En hoe zit het als je de ontvanger van dit alles bent? Een paar
kleine testvraagjes zetten je doorgaans op het goede spoor,
meestal is het dan verstandiger de kwestie te laten rusten;
doorvragen levert veelal meer verdriet dan informatie op.
Hoe zit het met het vertrouwen dat de ene mens in de andere
heeft? Dat is een projectie van het zelfvertrouwen; jaloersheid is
een teken van gebrek aan zekerheid omtrent jezelf. Toegegeven,
iemand kan met redenen onzeker zijn, wanneer een liefde
bijvoorbeeld niet wederkerig is of misloopt, maar meestal is
jaloezie toch de afspiegeling van een diepere onzekerheid, die in
geen verhouding staat tot het gevreesde onheil.
De vraag: "ben je me ontrouw geweest?," hoort nimmer te
worden gesteld. Vertrouwen en waarheid zijn, terecht of ten
onrechte, met elkaar in evenwicht, en de twijfels die doorklinken
in een dergelijke vraag kunnen slechts versterkt worden door
wantrouwen aangaande het antwoord. Vrijwel iedere sociale
relatie tussen een man & een vrouw heeft seksuele implicaties &
de grenzen ervan zijn cultureel bepaald. Er is nogal wat
schijnheiligheid op dit vlak & de samenleving lijkt behoorlijk
tevreden met een zekere discretie. Wat jezelf betreft, bepaal je
eigen grenzen & wees daarin niet te star & voel je niet schuldig

116

wanneer jouw grenzen niet blijken samen te vallen met die van een ander. Bega niet de fout iemand anders jouw normen op te willen leggen. Voor een ander de grenzen afbakenen is een daad van zelfbedrog - hij zal je erom vervloeken, zelfs als zijn grenzen samenvallen met de jouwe & het zal voldoende reden zijn om in opstand te komen.

God

Op een avond ging ik rechtstreeks van de incestpraatgroep door naar een discussiebijeenkomst over belangrijke boeken, ditmaal ging het over Machiavelli. In de groep hadden we het over ons verlangen naar goede, zorgzame ouders die ons leidden, dat is wensen wat je niet hebben kunt, dus. Het leek een avond uit één stuk te worden. In de discussie hadden we het over Machiavelli's stuk over hoe je een bekwaam leugenaar en hypocriet wordt. Hij adviseert de vorst zich in het openbaar altijd te gedragen alsof hij 'volstrekt betrokken is, volstrekt betrouwbaar, volstrekt integer, volstrekt vriendelijk'. Zo was mijn vader, een en al meelevendheid en integriteit tegenover zijn vrienden, collega's en patiënten. Toch was hij ook een kinderverkrachter. Als 'slecht' echt een betekenis heeft, was hij waarlijk slecht.

Als hij nog in leven was, zou hij zich op die manier verdedigen: het begrip slecht betekent niets. Alles is betrekkelijk. Elk normbesef wortelt in een bepaalde cultuur en dient persoonlijke belangen; er zijn geen vaste waarden; er bestaat niet zoiets als de 'werkelijkheid'.

Toen ik drie was zat ik op zondagschool in een restaurant. De kerk was zo snel gegroeid dat er geen plaats was voor alle kinderen, daarom werd er een restaurant afgehuurd. Ik ging erheen omdat ik dat had gevraagd – mijn vriendinnetjes op kleuterschool zaten er ook op. Ik wilde dat ook, en dus bracht mijn moeder me.

Het was een kille, mistige buurt, waar in mijn herinnering nooit een streep zonlicht doordrong. Toch zie ik dat restaurant in mijn geheugen als een warme plek vol zonlicht; de stralen vielen door de jaloezieën en trokken banen over de tafels. Op weg terug naar huis, door bochtige straatjes en langs een drukke, doorgaande weg, joegen wolken langs de zon, maar eenmaal thuis was alles weer grijs en mistig.

Dat was voor mij de kerk in mijn kinderjaren: een warm toevluchtsoord, een plekje zon waar mijn vader nooit kwam. Ik voelde me vreemd in die kerk, een buitenstaander, iemand die niet goed wist wat de regels waren en wat er van me werd verwacht. Maar ik zong graag mee, en ik hield van de warme eenvoud in die kerk, het zachte tapijt onder mijn voeten en het glanzende hout achter het altaar.

Ik was niet op zoek naar God. Mensen kwamen daar bijeen om over God te praten, niet om Hem te ontmoeten. Mijn ouders spraken nooit over God, tenzij ik rechtstreekse vragen stelde. Ik weet nog dat ik bij mijn vader op schoot zat en dat hij mij uitlegde dat mensen heel veel verschillende opvatting omtrent God hebben, allemaal even geldig, of even illusoir. Op dit gebied was hij niet hypocriet. Hij verafschuwde de baptistische dogma's uit zijn jeugd, die onderdrukkend en veroordelend waren. Hij gebruikte liever redelijkheid en beschouwing.

Soms zei ik gebeden op – 'Ik ga slapen, ik ben moe,' of het Onze Vader – omdat ik van mijn vriendinnen had begrepen dat dat de bedoeling was. Nooit heb ik me daarbij voorgesteld dat God echt luisterde. Toen ik een jaar of negen was, lag ik op een avond boven in bed; ik hoorde de ruzie die beneden gaande was. 'Wat is er, liefje?,' vroeg mijn vader zachtjes. 'Dat weet je,' antwoordde mijn moeder kil. Eerst probeerde ik alles te verstaan, om te horen of het soms iets met mij van doen had, maar naarmate ze bozer werden, deed ik steeds meer mijn best het *niet* te horen. Ik kon de woorden echter niet tegenhouden. 'Wil je scheiden,' hoorde ik mijn vader mompelen. Kort en fel schoot mijn moeder uit: 'Ja!'

'Wanneer?'

'Morgen!'

Ik was nog te klein om te begrijpen dat 'morgen' betekende dat ze het niet meende. Ik trok mijn kussen over mijn hoofd en huilde tot het huilen zelf me tot wanhoop bracht: ik zou het niet de baas kunnen blijven, ze zouden me horen en boven komen; ondraaglijk idee.

'Alstublieft, God, laat ze ophouden,' bad ik telkens opnieuw. Maar ze hielden niet op. Ten slotte bad ik: 'Lieve God, maak dat ik ophoud met huilen.' Ik voelde iets als een warme hand op mijn borst rusten, stevig maar niet zwaar. Mijn ademhaling kwam tot rust, het huilen hield op, en de rest van de ruzie heb ik niet meer gehoord: ik sliep.

Tegen de tijd dat ik naar de middelbare school ging, had ik drie opvattingen omtrent religie:

– Sommigen aanbidden de zon, anderen de bomen, weer anderen hallucinaties.

– De meeste mensen zijn joods of christelijk. Christenen zijn sobere, bekrompen mensen die willen dat jij je leven net zo inricht als zij, en joden zijn boeiende, wereldse mensen die God ontgroeid zijn.

– Er zijn twee soorten christenen, met elk hun eigen God: katholieken aanbidden de cruxifix die achter het altaar aan de wand hangt. Protestanten aanbidden een reus die ver in de hemel op zijn troon zit. De God van de katholieken stuurt je naar de hel als je de mis verzuimt, die van de protestanten als je een drankje neemt. Niettemin reed ik, zodra ik mijn rijbewijs had, naar de kerk. Op een zondagochtend hoorde mijn moeder mij. Ze waren de vorige avond laat opgebleven en hadden veel gedronken. De muren in huis waren dun, en ik maakte lawaai om hen te hinderen. 'Waar ga jij naar toe?,' riep mijn moeder met hoge, nijdige stem.

'Naar de kerk,' antwoordde ik.

'O God!,' kreunde ze.

Ik ging naar de Anglicaanse kerk omdat ik graag de lofzangen van de ochtenddienst zong: 'Verheugt u, christenen, te-saam!'

En: 'Gezegd zal Hij wezen/ die ons bij name riep...'

De gedragen taal, de eenvoudige muziek, mijn stem die meeklonk met al die andere. Ik vond het zo ontzettend mooi dat ik ineens merkte dat ik ieder woord ervan geloofde. Maar dat hield geen stand, vooral niet na colleges filosofie, Westerse beschaving of wetenschapsgeschiedenis. Er waren te veel credo's, welke was nu geldig? Ik besloot een atheïst te zijn – dat gaf meer zekerheid, zij het minder troost.

Een paar maanden na mijn afstuderen, stond ik in het archief naast mijn kantoor bij de Boston Globe. Mensen renden kris-kras door elkaar met de laatste berichten van Associated Press, of zaten huilend achter hun bureau: president Kennedy was zo juist in Dallas doodgeschoten.

Ik was nog steeds atheïst, al had de bestudering van Milton aan de universiteit mij wel wat bescheidener gemaakt. 'Het is beter in de hel te regeren, dan te dienen in de hemel,' laat hij zijn duivel zeggen. Ik had, als generaties studenten voor mij, trachten te bewijzen dat de duivel de werkelijke hoofdpersoon was uit *Paradise Lost*; het was me niet gelukt. Op dat moment, staande in die archiefruimte, stelde ik voor mezelf vast: 'Ik weiger te leven in een wereld waarin hetgeen nu gebeurt geen betekenis heeft.' Ik besloot in God te geloven, ik besloot naar de kerk te gaan om me te laten instrueren en dopen. Ik vroeg de docent die Milton met me had gelezen, of hij mijn peetvader wilde zijn.

Toen ik eenmaal gelovig was, schepte mijn vader er veel genoegen in me in de maling te nemen. Toen ik eens bij hen thuis op bezoek was, liep ik met mijn vader langs een stoffige, warme landweg. 'Vertel eens,' zei hij, en ik kon de ingehouden grinnik al horen bij het vooruitzicht dat hij me klem zou praten, 'kan God een rots scheppen die zo groot is dat Hij hem niet op kan tillen?' 'Dat weet ik niet,' snauwde ik, 'maar hij kan wel een mens scheppen, die hij vervolgens niet kan redden.'

Hij zweeg, voor een keer, en ik zei ook niets meer. Ik schaamde me voor mijn arrogantie en had er spijt van dat ik de discussie die mijn vader zo graag voerde, niet aan was gegaan. Deze neiging om mezelf te beschermen noemde ik 'zonde'. Nu weet ik dat ik het recht had me tegen mijn vader te beschermen. En toch ben ik me er ook van bewust dat vervreemding – van God, van andere mensen, van jezelf – een zonde is. Om wat mijn vader mij heeft aangedaan, ben ik vervreemd van mijn man en kinderen. Sinds ik volwassen werd, heb ik geworsteld met mijn verdedigingsmechanismen: mijn angst om iemand te vertrouwen, de gewoonte mezelf uit te schakelen, de knop om te draaien in plaats van echt, bewust deel te nemen aan de situatie, de voortdurende behoefte mijn zo kwetsbaar geachte grenzen te markeren. Naar mijn gevoel zijn dit evenzeer geestelijke als psychologische problemen; problemen die ik weliswaar niet in het leven heb geroepen, maar waar ik wel mee moet worstelen om ze de baas te worden. Ik weiger in een wereld te verkeren waarin mensen niet verantwoordelijk zijn voor hun daden. Mijn vader was verantwoordelijk voor wat hij deed, en ik ben verantwoordelijk voor wat ik doe.

Toen God mij heel begon te maken door mijn geschiedenis te ontsluieren, gaf Hij me ook de kracht om die ontdekking te dragen. Wel moest ik bereid zijn de pijn te verdragen. Toen was er de pijn. Vervolgens was er de verschrikking van te handelen als een ander mens vóór ik me een ander mens voelde.

Bepaalde liederen kan ik niet zingen zonder te huilen. Sommige gaan over het lijden: 'O liefde, voor dit offer van uw leven, wat kan ik, dan mijzelf ten offer geven...' Of: 'Gezanten gaan door alle landen, een heil'ge opdracht drijft hen voort...' over het martelaarsschap van de apostelen. Andere gaan over de vreugden die een mens toch nog kan vinden in een wereld vol leed: 'Midden in de dood, zijn wij in het leven...' zoals we zingen bij de eucharistieviering. Of het lied voor Pasen: 'Sta op! – Een morgen ongedacht, Gods dag is aangebroken...' Dat laatste zongen we bij de begrafenis van een dierbare vriend. We jubelden het uit, als om onze rouw uit te dagen tot vreugde.

Zelfs als ik die woorden opschrijf, komen de tranen: ik huil voor alle onschuldigen die hebben geleden zoals ik heb geleden, voor hun angst om iemand nabij te zijn, hun vrees om iemand te vertrouwen, net als ik; voor de vreselijke, verschrikkelijke dingen die mensen elkaar aandoen, en voor dat duistere van de ontkenning: mensen kunnen de pijn niet verdragen van openlijk te zien wat is gedaan. Ze geloven niet dat vergeven en helen – verlossing – werkelijk mogelijk zijn.

Moet ik mijn vader vergeven? Als vergeven inhoudt me weer heel voelen, boven het gebied uitstijgen waar hij me nog steeds kan bezeren, dan is dat wat ik zal doen. Maar mijn woede over wat hij heeft gedaan sta ik niet af; ik ga niet zeggen dat het niet meer uitmaakt, of dat hij ook alleen maar deed waar zijn kinderjaren hem toe hebben voorbestemd. Ik heb mijn woede nodig om mijn eigen genezing te voeden, en die woede komt hem toe. Laat God maar van hem houden, ik wens zo dicht niet in de buurt te komen.

Misschien, ooit, kan ik vrede hebben met de paradox: hij was verantwoordelijk voor zijn handelen, maar hij was ooit ook onschuldig, en het slachtoffer. En hoe dubbelhartig hij later ook werd, hij leefde oprecht met veel mensen mee; sommigen schonk hij letterlijk nieuw leven. Ik heb nog steeds moeite met het begrip 'God de Vader'. Maar terugdenkend aan mijn man, die met onze huilende baby – hij had buikpijn – door de kamer liep en zachtjes zong: 'Het is niet simpel een baby te zijn,' begin ik het te begrijpen. En wat betreft God de Moeder, gaat het te ver als ik beweer dat ik Haar nader kom als ik de liefde voor mijn eigen zonen ervaar? Een moeder kan de wereld niet veilig maken voor haar kinderen. Ze kan echter wel bij hen zijn als ze verdriet hebben.

Sommige mensen is het onmogelijk te geloven in een God die onschuldige mensen laat lijden; voor mij is het lijden een van de consequenties van de vrijheid van keuze, en van onze eigen verantwoordelijkheid. God wil dat wij elkaar liefhebben zoals Zij ons liefheeft, maar Zij dwingt ons niet.

Soms valt het me moeilijk het licht te blijven zien. Ook nu nog hoor ik soms als ik wil bidden de stem van mijn vader: 'Stel je niet aan,' fluistert hij, 'je vindt God nooit. Je ontdekt nooit je ware zelf. Er is geen God. Je hebt geen echt zelf.'

De wereld is een afgrijselijk oord, een plek waar ouders hun kinderen verkrachten. Toch kan ik nog steeds Gods hand voelen op mijn borst, en die lijkt in de verste verte niet op die van mijn vader. Ik weiger in mijn vaders wereld te bestaan, een wereld die ontdaan is van alle motivatie, behalve de zucht naar sensatie en macht. Een paar jaar voor zijn dood, schreef hij dit gedicht:

In de zon
glinstert de vijver van het bestaan
als zilver
al wat onder het oppervlak
woelt
blijft verborgen.

122

Wanneer nu een wolk
de lucht verduistert
wijkt de schittering
en komen schril en helder
de diepten en angsten daar beneden
aan het licht.

is het denkbaar
dat al levens schoonheid
niet is dan een schitterend
oppervlak

'Is het denkbaar dat al levens schoonheid niet is dan een schitterend oppervlak?' Mijn antwoord is nee. Nee, nee, nee.

Angst, woede, verdriet

In mijn droom zijn mijn man en ik verhuisd naar een huis waar nog veel aan gebeuren moet. Al onze eigendommen liggen op een grote hoop door elkaar, de meubels staan schots en scheef in de kamers; het is overal een chaotische bende. De voordeur is met een bijl bewerkt, en er is een groot vierkant stuk uitgezaagd, waar ooit het slot zat. Er zitten allemaal verweerde, kromgetrokken stukken fineer op; op slot kan hij niet. Er lopen continu werklui in en uit; als ik wakker word, hoor ik hun stemmen in de kamer ernaast. Soms komen ze ook gewoon de slaapkamer binnen. In de troep zitten slangen verborgen, zo dik als mijn arm; ze hebben grijs-zwart geruite huiden en driehoekige koppen. Ze steken hun kop vooruit en staren me aan. Als ik schreeuwend weg probeer te rennen, struikel ik over de meubelen.

Op een avond ben ik alleen in huis, ik voel me weerloos – iedereen kan zo naar binnen met die kapotte deur. Mijn man komt thuis en kruipt bij me in bed, maar als ik angstig wakker word, blijkt hij er niet meer te zijn. Ik roep herhaaldelijk, maar hij verschijnt niet. Met flikkerend tongetje staart zo'n slang me onverschillig aan: hij is hier de baas en dat weet hij. Ik weet dat ik droom. Dit is dus de slangenfobie van mijn zus, denk ik.

Dan ben ik in een hotel, ik ga omhoog met de lift. Ik ga een kamer binnen en zie daar een vrouw, die in mijn wakend bestaan een goede vriendin was; zij stierf een paar jaar geleden. Net als mijn vader was zij lang en zwaar, ze had dik, donker haar en sprak met een zuidelijk accent. In mijn droom heeft ze een meisje op schoot – het meisje is in het echt de dochter van een vriendin. Het is een tenger meisje, met net uitbottende borstjes. De vrouw is helemaal aangekleed, het meisje is naakt.

Het meisje springt van de schoot van de vrouw en roept: 'Laten we gaan zwemmen!' Ze klinkt nijdig en strijdlustig. De vrouw begint met snelle stem een kletsverhaal op te hangen. Ik begrijp dat ze me proberen af te leiden. Ik bedenk me dat ik iemand moet zeggen dat dit kind wordt misbruikt.

De vrouw trekt me op haar schoot. Ik verzet me maar kan niet wegkomen. Ze wrijft haar lichaam tegen me aan en ik weet dat ze een orgasme probeert te krijgen. Ze heeft een penis, ik voel hem gezwollen tegen mijn billen aan.

Dan ben ik weer in de rommelige slaapkamer. Een slang kijkt met opgeheven kop mijn kant uit. Ik schreeuw me schor, maar niemand hoort het.

Doodsangst. In een andere droom sta ik tussen massieve volwassenen wier hoofden heen en weer kantelen alsof ze scharnieren; een geweeklaag vult de atmosfeer. Ik ben bang erin te verdrinken. Het gaat om de angst onbeschermd te zijn, kwetsbaar uitgeleverd aan het volle geweld van de emoties van anderen. Er zijn geen grenzen: zij worden overspoeld door hun gevoelens, en *ik* ga erin onder.

Jaren geleden heb ik eens wat marihuana gerookt; golven van intens plezier trokken over mijn hele lichaam – gevolgd door angstgolven. Het was verschrikkelijk. Het plezier was rampzalig. De angst was rampzalig. Ik had het gevoel of ik dood ging, ik was op weg naar de hel; maden zouden mijn lichaam aanvreten, ik zou dat weten, maar er niets tegen kunnen doen.

Verrukking, angst, verrukking, angst, tot mijn ingewanden naar boven kwamen en ik begon te braken. Dit was de doodsangst waaraan ik trachtte te ontsnappen tijdens het vrijen: een door mijn vader afgestelde tijdbom.

In therapie schreeuwde ik telkens opnieuw: 'Ik wil dit zo niet voelen! *Ik wil dit zo niet voelen.* IK WIL DIT ZO NIET VOELEN!

Kris hield me stevig omhelsd, zoals ik gewild had dat mijn mama het deed en zachtjes zei ze: 'Zo zijn die gevoelens. Daarom is seks niet voor kinderen.'

'Niemand kwam me te hulp,' zei ik, 'ik kon niemand om hulp vragen. Niemand hielp me.' Ik sprak met de stem van een klein kind. 'En hij hield maar niet op, hij hield maar niet op!'

'Hij liet je niet met rust,' zei ze, terwijl ze over mijn hoofd streelde. We zaten een poosje stil bij elkaar. 'Je kon het tegen niemand zeggen,' zei ze, 'maar nu wel. Nu hoef je hier nooit, nooit meer alleen mee te zijn.'

Woede. Je woede echt voelen schijnt goed te zijn wanneer je als kind seksueel misbruikt bent.

Maar makkelijk is het niet.

Een vriendin van mij probeerde het door met een tennisracket haar bed te lijf te gaan. Ze stelde zich daarbij voor dat ze haar vaders penis tot moes sloeg – 'En terwijl ik dat deed, vertelde ik hem wat ik eigenlijk van hem dacht.' 'En wat zei je dan?,' vroeg ik.

Ik zei: 'Wat jij hebt gedaan was eigenlijk heel onbehoorlijk.'

125

Een tijd lang was ik zelfs niet in staat dàt eruit te krijgen.

Ik besefte dat ik er iets voor zou moeten doen om mijn woede in de juiste richting te sturen zodat niet langer mijn man en kinderen de volle laag zouden krijgen. Maar ik voelde me stom. Ik was bang dat ik onbenullig en zinloos bezig was, als een soort Repelsteeltje die stampend op de vloer met zijn voet vast blijft zitten. Ik zag mijn vader op me neerzien, glimlachend. Glimlachend zoals hij destijds deed als ik protesteerde wanneer hij de hond aan zijn oren trok.

Ik haalde mijn tennisracket wel te voorschijn, maar zodra ik het bed raakte, begon ik te huilen. Ik had geen recht op die boosheid. Niemand luisterde – ik was alleen met mijn pijn, zoals altijd.

Ik liet het racket vallen en ging op de grond liggen, met de bedoeling met mijn vuisten op de grond te bonken. Ik kon het niet. Ik hield mijn armen stijf tegen me aan gedrukt, de ellebogen gekromd en mijn vuisten onder me geperst. Wel was ik in staat met mijn voeten op de vloer te bonken en mijn mond wijd open te sperren alsof ik ging gillen – maar ik spande mijn halsspieren en hield de schreeuw binnen; ik duwde mijn gezicht in het kleed.

Ik richtte het woord tot mijn vader: 'Jij hebt mijn integriteit niet ontzien.' Ik zocht naar iets krachtigers: 'Ik haat je! Ik haat je! Ik haat je!' Er kwam geen gevoel bij, ik voelde me alleen maar stom.

Ik duwde mijn gezicht in het kleed om te zorgen dat de buren me niet konden horen, ze zouden mogelijk de politie bellen. Toch wilde ik tegelijkertijd ook roepen: Bel de politie. Ik wil dat de politie komt om jou op te sluiten zodat je er nooit, nooit, nooit of te nimmer meer uitkomt!

Toen kwamen de woorden vanzelf; ze waren zo eenvoudig:

'Laat me met rust, laat me met rust, laat me met rust! Blijf van me af, blijf van me af! Ga weg, ga weg! GA WEG! BLIJF VAN ME AF! LAAT ME MET RUST!'

Ik wilde dat iemand van mijn woede getuige zou zijn, maar ik was ook bang. Ik vertelde Kris dat er een muur was opgetrokken tussen mij en mijn woede. Ik kon die muur zien: oude bakstenen, geen gras onderaan, maar stof en onkruid. Hij was hoog, ik kon er niet overheen kijken, en er was geen houvast voor hand of voet. Ik kon er niet tegenop klimmen. In gedachte bonkte ik ertegen met mijn vuisten; het gaf geen geluid, maar de ruwe steen ontvelde mijn knokkels tot bloedens toe.

Kris zei: 'We halen er één steen uit, eentje maar, ergens onderaan. Dan kunnen we door het gaatje kijken. De rest van de muur blijft intact.'

Ik keek door het gat en zag een poot, een grote, harige poot met klauwen – de poot van een monster uit Maurice Sendaks *Where the Wild*

Things Are. Dat monster was mijn woede. Dat monster was mijn vader. Ik voelde me verslagen. Ik verlangde een echt monster, geen schattig creatuurtje. Wat stompzinnig om zo kwaad te worden op een lief monstertje. Sendaks monstertje wilde de hele avond spelen. Speelde mijn vader soms alleen maar? 'Ik wou je alleen maar een prettige sensatie bezorgen,' zou hij zeggen als hij nog leefde. 'Je vond het fijn – dat weet je best. Ik zou je voor geen goud iets naars aandoen.'

In mijn droom sta ik met mijn ouders en een groep onbekenden in een lege kamer. Mijn vader draagt een blauw, nylon Mexicaans bruiloftshemd. Log en plomp buigt hij zich naar me over, hij glimlacht als een hond die met zijn eigen vuil wordt geconfronteerd. 'Het spijt me,' jengelt hij, 'ik heb je nooit verdriet willen doen.' Hij probeert zijn arm om me heen te slaan.

Ik doe een stap achteruit. 'Blijf van me af.' Ik waarschuw hem met luide stem, maar niet onbeheerst. 'Jij blijft voor altijd van mij af,' zeg ik, de woorden een voor een langzaam uitsprekend, zoals je een kind toespreekt dat alsmaar lastig blijft. 'Ik kan nooit meer met jou alleen zijn, en je mag me nooit meer aanraken.'

Hij glimlacht, laat zijn hoofd hangen, en probeert opnieuw een arm om me heen te slaan.

'Jij. Mag. Mij. Nooit. Meer. Aanraken,' herhaal ik.

Weer grijnst hij stompzinnig en wil een arm om me heen slaan. Dan ziet hij ervan af en schudt zijn hoofd: Ik ben bot en onredelijk, maar hij geeft me mijn zin.

Ik wil een groot, machtig monster, dat stinkt en harig is en tekeer gaat; dat met zijn stappen de aarde doet beven. Zo, precies zo was hij voor mij toen ik klein was. Zo moet hij blijven, dan kan ik daar mijn woede op richten. En dan moet Kris de muur met een bulldozer slechten in een explosie van lawaai en stof; dan neem ik hem te grazen.

Ik zal de muur zelf moeten afbreken, realiseer ik me.

Ik heb een foto van mezelf te voorschijn gehaald waar ik opsta in mijn uniform van de kabouters. Deze heeft mijn vader niet genomen; een van de moeders had foto's gemaakt van de hele groep. Mijn vlechten zitten onder mijn hoofdband geduwd, en ik lach naar de camera. Ik heb nog al mijn melktanden. Ik ben zes jaar oud. 's Nachts komt mijn vader naar mijn kamer en zit met zijn hand tussen mijn benen; hij laat me niet met rust.

Ik zet die foto in een lijstje op mijn bureau. Dan kan ik kijken hoe aandoenlijk ik was, hoe jong, hoe weerloos ik was en onbeschermd tegen wat hij met me deed. Nog komt er geen woede los. Nog niet.

Maar ik ben wel heel, heel erg boos op mijn moeder geweest. Waar was zij als mijn vader die dingen met mij uithaalde? Waarom beschermde zij me niet? Waarom wist ze niet wat er gaande was? Ik voel nu mijn boosheid wegebben, en dat wil ik niet. Boosheid houdt mijn moeder dicht in de buurt. Als ik ophoud met boos zijn, verdwijnt ze, lost ze op in de ruimte. Zolang ik boos ben, is er hoop: op een dag, als ik haar aandacht blijf trekken, zal ze willen weten wat er met mij is gebeurd. Tegelijk verlang ik naar een pure woede, een woede die niet hoopt op iets, niet pauzeert om te vragen: 'Ga ik nu te ver?' Een woede die geen antwoord verlangt; een woede die gewoon maar *is*; iets van mezelf.

Verdriet. Dat mijn papa, die ijsjes voor me kocht en me op zijn schouders liet zitten, die dingen met me heeft gedaan. Ik wil dat verdriet voelen, maar het ontsnapt me; zo wilde ik ook rouwen toen mijn vader stierf – het lukte me niet. Waar is de papa naar wie ik verlangde, die ik nooit had en nooit zal hebben? Hoe zou het zijn een vader te hebben die je kunt vertrouwen, een vader die je geweldig vindt gewoon maar omdat je bestaat. In de ogen van mijn vader bestond ik alleen in relatie tot hem: alles wat ik deed, alles wat ik was, was een weerspiegeling van zijn persoon.
Ik sta mezelf niet toe te denken over de vader die ik nooit heb gehad. Het doet te veel pijn. Het voelt onveilig: ik wil iets heel erg graag, en ik krijg het niet. Evenmin ben ik er klaar voor om mijn moeder te rouwen. Ik treur nog niet om mijn eigen verlies, maar om het *hare*: het verlies van haar dochters jeugd, de nauwe band die ze misschien met ons had kunnen hebben, maar nooit heeft gehad.
's Nachts word ik wakker met een droge mond; mijn ademhaling gaat snel en zwaar, ik stamel: 'O nee, o nee!' Het draait om mijn vader, maar ook om haar. Er is iets gebeurd, of er gaat iets gebeuren, en mijn moeder is er niet. Ik ben alleen, en zij verschijnt niet. Ze is er niet. Ze was altijd weg.

Op een bijeenkomst van kunstenaars, schrijvers, musici, die als kind misbruikt zijn, liet een vrouw haar schetsen zien. Ze gaf ze door in de kring alsof het vakantiekiekjes waren. 'Dit ben ik, vastgebonden in de kelder; dat is de wasmachine, daar zie je de schaduw van mijn vader. Dit zijn mijn broer en ik. We moesten altijd onze kleren uitdoen, gaan liggen en doen alsof... Hier ben ik aan het strippen. Deze noem ik "Eigenwaarde." Hier snijd ik mijn polsen door.'
Het onderwerp was zo gruwelijk, en het werk zo prachtig. De gebogen

lijnen van die kinderlichamen, tegen elkaar gedrukt, herhaald in de kromming van de geheven riem, gereed om te slaan... Ik wilde me er niet van losmaken, ik moest de manier waarop deze vrouw datgene wat haar was aangedaan had getransformeerd, op me in laten werken.

Een andere vrouw, die als kind was vastgebonden en gemarteld, zei: 'Ik heb er moeite mee te geloven dat die dingen echt gebeuren. Kijken naar jouw tekeningen helpt me, ik begrijp dan dat die dingen echt zijn gebeurd.'

Ik ben er uit de grond van mijn hart van overtuigd dat mensen moeten vertellen wat hen is aangedaan, liefst zo duidelijk en indringend mogelijk. Toch, als ik naar die tekeningen keek, raakte ik min of meer zoek, zonder te weten waar. Pas acht uur later begon ik te huilen, pas toen realiseerde ik me dat ik me zelf op de oude, vertrouwde manier in bescherming had genomen: ik was weer verdwenen in een lege, kale, loze ruimte in een hoekje van mijn hoofd.

Hoe zou ik dus kunnen verwachten met mijn verhaal mijn moeders aandacht te trekken? Hoe indringender ik het vertel, hoe verder zij terugwijkt.

Op de tekening van de jongen en het meisje die zich tegen elkaar geperst krommen onder de slagen van de vader, houden zij hun armen stijf tegen zich aan, de ellebogen gekromd, de vuisten onder zich getrokken. Zij sperren hun monden wijd open als om te schreeuwen, maar omdat het een tekening is, klinkt er geen schreeuw. Wat schreeuwen ze? Dit hoorde ik toen ik naar die schets keek: 'Mama moet komen, ik wil dat mijn mama komt!'

Mijn lichaam

Ik kon niet naar de wc dus moest ik naar de dokter.

Mijn dikke darm zat vol stront en mijn hoofd vol zinnetjes. De spanning nam niet af, ook al was deze dokter een vrouw. Ze ging vast zeggen: *Je stelt je aan*, of: *Je hebt kanker*. Of allebei.

Ze zou diep in alle duistere geheime openingen van mijn lichaam turen en de ervaringen zien die ik daarbinnen onverteerd had opgeslagen; opgehoopt lagen ze in de bochten en wendingen van mijn dikke darm. Weggefrommeld in hoekjes en gaatjes, als een soort wilde aangroeisels die doorgroeiden en van een smerig geheim dat zich niet uit wou laten schijten veranderden in een smerige, verborgen kanker. Ik was bang dat ze zou zien hoe smerig ik was, dat ze zou zeggen: 'Wat heb jij uitgehaald, vieze meid?'

Naar de dokter gaan was erger als het een man was. Hij zou wel nijdig zijn omdat ik zijn tijd verknoeide. Thuis vertelde hij waarschijnlijk over een of ander stom wijf, zo'n koe met huisvrouwensyndroom. Toch ging ik. Als ik niet ging, was het misschien werkelijk kanker, ergens diep van binnen groeiend en mij opvretend, terwijl ik alleen zeer vage, verre waarschuwingstekenen herkende.

Toen ik studeerde, ging ik ooit naar een collega van mijn vader, een gynaecoloog, voor een routine-onderzoek en een of andere klacht, vermoeidheid misschien. Toen hij me had onderzocht en zei dat alles in orde was, vroeg ik met een klein stemmetje: 'U bedoelt te zeggen dat ik niet dood ga?' Ik wilde een grapje maken, maar nu nog kan ik mijn hoge, angstige stem horen smeken om geruststelling. De stem van een van die zeurkousen die mijn vader het leven zuur maakten.

Ik ging naar die vriendelijke vrouwelijke arts. Ze vertelde me dat het laboratorium-onderzoek niets bijzonders had opgeleverd, maar dat ze voor de zekerheid een sigmascopie zou laten doen. Ze legde me uit hoe een dunne, buigzame buis via het rectum tot in de dikke darm zou worden gebracht, zodat de dokter kon bekijken of alles goed functioneerde. Al mijn geheimen zouden voor hem open liggen.

De ochtend voor die sigmascopie was ik naar therapie. 'Straks moet ik een buis in me laten porren,' zei ik aan het eind van de zitting, lachend om te tonen dat ik de ironie van het geval wist te waarderen. Mijn therapeute lachte niet. 'Wat voor gevoel heb je daarover?,' vroeg ze. 'Ach ja, gevoel! Ik hoor bij zoiets gevoelens te hebben, niet waar?'Ik lachte nog steeds. 'Bel me als je terug bent van de dokter,' zei ze.

Ik reed naar de gastro-enteroloog. Hij was een prettige, bescheiden man, die op een tactvolle manier de onbehaaglijke gevoelens van iedereen die een dergelijk onderzoek moest ondergaan, aanstipte. Ik voerde een beschaafde conversatie met hem en lag stil toen hij met zijn buis de hoekjes van mijn darm rondkeek. Ik luisterde onbewogen naar zijn melding dat alles er goed uitzag, bedankte hem en vertrok. Zodra ik in mijn auto zat en het portier had afgesloten, begon ik te jammeren. Ik was een klein, gewond dier, weggedoken in mijn leger, weggedoken in mijn auto in de donkere parkeergarage. Ik sloeg mijn armen om mezelf heen, trok mijn schouders op en wrong mijn knieën voor het stuur omhoog. Ik snikte het uit en hoorde mijn gehuil weerkaatsen in de afgesloten auto. Er waren geen woorden, geen gedachten. Iemand die groter en sterker was dan ik had me iets aangedaan. Ik wist niet wat. Ik wist niet wie. Ik wist niet waarom.

Ik ging naar jazz-ballet omdat een andere vrouw in de schrijversgroep erop zat en we nooit een tijdstip voor een afspraak konden bepalen. Erie zei: 'Waarom ga je niet mee, dan zien we elkaar daarna in de koffieshop?' Half en half mopperend ging ik er heen. Ik had er nooit aan gedacht zoiets te ondernemen, het leek zo'n egoïstisch gedoe, en tijdverspilling – eerst twintig minuten heen rijden, dan een uur en een kwartier daar bezig, dan weer twintig minuten terug – je halve ochtend is om en er is niets uit je handen gekomen.

Ik genoot vanaf de eerste tel dat ik binnen was. Ik danste! Als kind wilde ik graag op ballet, maar mijn vader vond het niet goed. Hij vond – zo hoorde ik van mijn moeder – dat ze te weinig verstand van ballet hadden en dus niet de juiste leerkracht konden uitzoeken. Een slechte zou me veel te jong op spitzen laten dansen en zo mijn benen verknoeien. Als ik daar nu aan terugdenk, prikken de tranen achter mijn ogen. Hij deed altijd of hij overal verstand van had, waarom van ballet dan niet? Hij verdiepte zich in talloze zaken die zijn interesse hadden, waarom ballet dan niet? Ik kreeg zwemles, trampolineles, tennisles, paardrijles; maar ja, dat waren allemaal dingen die ze me graag zagen doen. Dat ene ding wat ik zelf wilde, mocht ik niet. Ik had niets van mezelf, daar had mijn vader wel voor gezorgd. Hij verknoeide de tijd die ik had kunnen gebruiken om te dansen.

Toen ik acht of negen was, haalde ik ooit een boek over ballet uit de bibliotheek en oefende de posities thuis in de woonkamer, met de rugleuning van de bank als barre. Toen ik studeerde ging ik op de moderne dansgroep en hield dat vier jaar vol. Na mijn afstuderen hield ik ermee op, om dezelfde reden dat ik later niet naar jazz-ballet wilde: het leek me tijdverspilling en egocentrisch.

Ik had me nooit gerealiseerd wat ik misliep. De rockmuziek was me veelal vreemd, maar de beat was die uit mijn jeugdjaren. Ik hoorde er de roep om onafhankelijkheid in, het loskomen van mijn ouders; het herinnerde me aan de tijd dat ik kon dansen met jongens van mijn eigen leeftijd. Flirten kon, zonder risico's. Dansen op muziek van een platenspeler, ergens in iemands achtertuin, op muziek met een rauwe beat maar onschuldige woorden was normaal gedrag voor tieners, alsof ik echt een onschuldig jong meisje was, voor wie iets viel te kiezen omtrent het eigen lichaam. Nu, bij dat dansen in die groep, kreeg ik het gevoel dat mijn lichaam opnieuw van mij werd.

Op een keer werd ik wakker met pijn in mijn rug. *Dat krijg je er nu van*, hoorde ik een stem in mijn binnenste zeggen. *Je had kunnen weten dat dit niet ongestraft zou blijven.* De stem zei dat mijn lichaam te zwak was; ik had er te veel van gevergd. Hij zei dat het uit was met dansen.

Ik herinnerde me dat ik als kind in de derde klas bij juffrouw Maxey zat. Op een dag kreeg ik last van mijn rug, ik liep naar de juffrouw en bleef naast haar tafel staan. Er stonden een paar andere kinderen die hun werk wilden laten zien; ik wachtte af, tot ze me zou zien. Het deed zo pijn dat ik niets kon uitbrengen. Ik stond daar maar, en dacht: ik kan niet meer praten.

Ze keek op en zag me staan. 'Ja, Betsy?' Ik stond daar zwijgend. 'Betsy?,' zei ze. Ik bleef staan en keek haar aan zoals mijn honden nu soms naar mij staren; ik wenste dat ze begreep dat ik niets uit kon brengen en dat ik haar hulp nodig had. Wat voor hulp wist ik zelf niet.

Toen was ik in het kantoortje van het hoofd en juffrouw Maxey belde mijn moeder; de pijn trok weg. Ik voelde me beschaamd en verward. Stom van me om iedereen lastig te vallen en zo'n toestand te maken, als er uiteindelijk niets aan de hand was.

Ik vermoed dat mijn vader mijn rug had bezeerd door boven op me te gaan liggen. Hij was zo groot en ik was zo klein. Ik weet het niet meer – maar mijn lichaam heeft het onthouden. Toen ik later, als volwassene, last van mijn rug kreeg, schaamde ik me. Ik ging naar de slaapkamer, deed de deur op slot; op handen en knieën steunend snikte ik het uit, overweldigd door schaamtegevoelens. Dat waren de tranen en gevoelens die ik wegsloot daar aan de tafel van juffrouw Maxey. Als het toen veilig had geleken iets te verlangen, zou ik gewenst hebben dat ze mijn vader op liet houden. Nu wilde ik niet naar de fysiotherapeut. Ik was bang dat ze boos op me zou zijn omdat ik mijn rug had bezeerd, bang dat ze me zou verbieden ooit nog te dansen, bang dat ze zou zeggen dat ik me de pijn maar verbeeldde. Ik hield mezelf voor dat ik geen tijd had om te gaan zitten wachten bij haar. Ik zou mijn hele werkschema om moeten gooien, ik had het veel te druk. Maar als ik niet zou gaan, kon ik niet dansen; ik ging dus toch. Een van mijn lendewervels was verdraaid. De fysiotherapeut trok en duwde aan mijn rug, paste behandelingen met kou en warmte toe, gaf me oefeningen mee om thuis te doen en drong erop aan dat ik weer ging dansen zodra de pijn verdween. Mijn lichaam. Soms kon ik er niet langer in de spiegel naar kijken. Op zulke momenten gaf de choreografie, die ingewikkeld genoeg was om me volledig op te concentreren, me ruimte om me terug te trekken in een hoekje van mijn geest; de beat van de muziek voerde me ten slotte terug in mijn lichaam.

Jazz-ballet vind ik nog fijner dan die tienerfeestjes bij iemand in de achtertuin. Ik dans met mezelf, ergens waar het veilig is om armen en benen te strekken en de defensieve houding die ik me als kind eigen heb gemaakt, te laten varen. Toen was ik zwak, maar nu ben ik sterk. Ik kan de gewichtjes opheffen zo vaak als nodig is op de muziek, acht, zestien, 32 maal. Het doet wel pijn, maar niet zo dat ik op moet houden. Die armen die ik altijd tegen mijn lichaam klemde, die gebalde vuisten die nooit uithaalden, zijn nu vrij.

Op een dag verzon ik een liedje op een bewegingsoefening waarbij veel gestompt en geschopt werd. 'Mijn lichaam, Mijn lichaam,' zong ik mezelf toe, en 'Jij bent DOOD, Jij bent DOOD,' waarbij ik me voorstelde dat ik mijn vader in zijn gezicht schopte. Op weg terug in de auto dacht ik: varken dat je bent, klootzak, jij hebt me de intimiteit met mijn kinderen afgepakt, die ze me wilden geven toen ze klein waren. Ik kon dat niet aan om wat jij hebt gedaan; nu kan het niet meer, het is te laat. Jij hebt me dat afgepikt, net zoals je mijn onschuld heb geroofd.

Toen ik langs het kanaal reed – dat zelfde waar ik in mijn droom met mijn vader zwom – braakte ik de woorden uit en schreeuwde: 'Jij klootzak, JIJ KLOOTZAK,' tot de woorden geen betekenis meer hadden, en alleen puur geluid nog zinvol leek: 'Agggggghhhhhh!!' Ik ging zo tekeer, dat het licht leek te vervagen; toen realiseerde ik me hoe dwaas het was mezelf zo in gevaar te brengen. Ik stopte langs de kant van de weg en wachtte tot ik weer helder kon zien; toen reed ik naar de kinderen, naar huis.

Toen die dans weer aan de beurt was, luisterde ik voor het eerst naar de woorden. Het was een liedje van de INXS ('in excess') dat heette 'The Devil Inside'. Het ging over een man 'fed on nothing, but full of pride'. Het refrein luidt: 'De duivel in ons/ De duivel in ons/ In ieder van ons.' Mijn lichaam. Ik kan mijn armen niet strekken, mijn heupen zijn te stijf, ik kan in spreidzit niet rechtop zitten, maar mijn lichaam is stevig en betrouwbaar. Het doet wat ik wil, onhandig misschien, maar gaandeweg soepeler en vloeiend. Als ik moe word en buiten adem raak, zeg ik tegen mezelf: vertrouw op de beat.

Zo sta ik voor de spiegel, in dezelfde tricot en maillot die ik droeg in de dansgroep toen ik studeerde: dansend. Ik vind dat ik er behoorlijk goed uitzie, helemaal in het zwart als een echte danser. Maar ook als het niet zo was, zou dat niet geven. Zware vrouwen, lompe vrouwen dansen naast mij. Ik stel me zo voor dat ook zij, onder hun onbewogen gezichtsuitdrukking, dezelfde verrukkingen smaken als ik.

In de openbaarheid

Ik heb een steeds terugkerende fantasie dat ik als beklaagde optreed in een rechtszaak. Aanklacht: het bekladden van mijn vaders reputatie, het breken van mijn moeders hart. Ik sta terecht, ik heb mijn verhàal gedaan. De openbare aanklager komt overeind om mij aan een kruisverhoor te onderwerpen. 'Mrs. Petersen,' begint hij, 'wat doet u voor de kost?'
'Ik... ben schrijver,' hakkel ik, bang voor wat er gaat komen. Hij wendt zich van me af, zijn rug drukt afkeuring uit, en richt zich tot de jury. 'Is het niet zo, Mrs. Petersen,' hij spuwt de woorden in de richting van de mannen en vrouwen van de jury, 'dat u vooral,' hier neemt hij een dramatische pauze, draait zich naar mij om en slingert me de woorden in het gezicht – '*fictie* schrijft?'
Ik verzamel al mijn moed en lach een beetje – Walter Mitty die op het punt staat in de operatiekamer het roer over te nemen. Zachtjes zeg ik: 'Van mijn *fictie* is tot op heden nog niets gepubliceerd, Mijnheer de Openbare Aanklager.'
'Is het werkelijk?,' stoot hij uit, met een stem die druipt van het sarcasme. Zacht en dreigend vervolgt hij: 'Uw vader was een waarachtig humanist, niet waar? Een vriendelijk, zachtaardig, meelevend mens?'
'Dat beweert iedereen,' zeg ik terug.
'Dan is *dit*, Mrs. Petersen' – hij houdt mijn boek omhoog – fictie, of het werk van een waanzinnige. U moet wel krankzinnig zijn om uw vader op zo'n manier te beschuldigen.'
'Wat hij mij heeft aangedaan was voldoende om krankzinnig te worden,' antwoord ik met vlakke stem, 'maar dat is hem niet gelukt. Ik heb het doorstaan. Ik functioneer, ik leef.'
'In dat geval moet u een doortrapte leugenaar zijn,' zegt hij. 'Seksueel misbruik is nogal in tegenwoordig. Doet u niet toevallig uw best om daar ook een graantje van mee te pikken?'
'Het was in eerste instantie niet mijn bedoeling een boek te schrijven, Mijnheer. Het is begonnen als een therapeutische activiteit, een poging om bepaalde angsten te verwerken en overwinnen. Wel heb ik zeker veel gehad aan boeken van anderen. Die hebben me geholpen met mijn eigen verhaal voor de dag te komen.'

De aanklager komt op me toe lopen tot hij te dichtbij staat. 'Goed, goed,' zegt hij, 'laten we aannemen,' – aan zijn toon kan je horen dat hij alleen iets aanneemt voor de duur van de discussie – 'dat u niet opzettelijk heeft gelogen. Maar zou het niet kunnen, zou het heel misschien niet zo kunnen zijn dat u zich vergist? Hoe in vredesnaam kunt u van ons verlangen dat wij geloven dat iemand zo iets ingrijpends gewoon *vergeet*?'

'Dat is een veel voorkomend verschijnsel, dat zich vooral voordoet als het misbruik is begonnen voor de puberteit.' Ik haal een stapeltje papieren uit mijn tas, een artikel van de psycholoog John Bowlby. 'Luister.' Ik houd mijn hoofd achterover zodat ik door het leesgedeelte van mijn bril kan kijken. 'Overdag gedraagt de vader zich alsof de nachtelijke gebeurtenissen er nooit zijn geweest, en dit totaal uitblijven van een bevestiging van wat in het duister is geweest, blijft bestaan tot lang nadat de dochter in de puberteit is gekomen... Er ontstaat een cognitieve breuk tussen de gerespecteerde, en mogelijk geliefde, vader van overdag en die heel andere vader die 's nachts zijn opwachting maakt. Het kind dat weet dat het onder geen beding ruchtbaarheid mag geven aan wat in de nacht gebeurt, zelfs niet tegen de eigen moeder, kijkt naar de vader voor een teken van bevestiging. Het uitblijven van enige reactie zorgt voor grote verwarring. Is het nou gebeurd, of heb ik het gedroomd? Heb ik soms twee vaders?'

Ongeduldig wuift de aanklager met zijn hand. 'Spaar ons die psychologische prietpraat, Mrs. Petersen. Hebt u zelf ooit geprobeerd werkelijk te achterhalen wat er met u is gebeurd? Bent u aan de leugendetector geweest? Bent u ooit gehypnotiseerd?'

'Een leugendetector kan liegen, hypnose bewijst niets. Sommige mensen kunnen niet onder hypnose worden gebracht, of ze ontkennen onder hypnose feiten die wel degelijk hebben plaats gevonden. Ik heb twee jaren van mijn leven besteed aan het uitzoeken wat er is gebeurd. Juridisch bewijzen kan ik het niet, maar ik weet wat er is gebeurd.'

De aanklager trekt ongelovig zijn wenkbrauwen op. 'Zelfs de zogenaamde deskundigen zullen zeker toegeven dat de waarheid een betrekkelijke zaak is. Is het niet nogal hoogmoedig om te stellen dat uw versie speciale geldigheid bezit?'

'Hij duwde zijn penis in mijn mond.'

'Zelfs als dat zo is, wat denkt u er dan mee te bereiken dat aan de grote klok te hangen? Schaamt u zich niet?'

'Ik was het slachtoffer. Hij was degene die dingen deed waarvoor hij zich moest schamen.'

'Wilt u beweren dat u er nooit van heeft genoten?' Weer houdt hij mijn boek omhoog en begint pagina's om te slaan. 'Hier staat bijvoorbeeld...'

'Ik weet wat er staat. Mijn lichaam functioneert zoals een lichaam behoort te functioneren. Zenuwuiteinden hebben zo hun functie. Moet ik me daar soms voor schamen?' 'Schaamt u zich niet daar zo openlijk over te praten? Hoe kon u dat uw moeder aandoen?'

'Ik heb het haar niet aangedaan. *Hij* is verantwoordelijk. Hij verraadde niet alleen mij en mijn zus, maar ook mijn moeder. Er over zwijgen verandert daar niets aan.'

'Was het nou echt nodig zo gedetailleerd over het drinken van uw moeder uit te wijden? Hoe denkt u dat zij zich daaronder voelt?'

'Behoorlijk rot, neem ik aan. Ze is nog niet zover dat ze zakelijk over haar eigen drankgebruik kan spreken, ze kan er zelfs helemaal niet over praten. Maar dat wil nog niet zeggen dat ik moet samenspannen en dus ook zwijgen. Het vormt een deel van mijn verhaal, is deel van het kader van het misbruik.'

'Mensen zullen haar de schuld geven van wat er is gebeurd. Mensen geven altijd de moeder de schuld. Hoe staat u daar tegenover?'

'Mijn vader was degene die mij misbruikte, mijnheer, niet mijn moeder. Ik neem haar niet kwalijk wat hij heeft gedaan. U wel soms?'

De aanklager glimlacht, dunnetjes en wreed. Hij laat de stilte aangroeien. Dan zucht hij diep, alsof het allemaal teveel voor hem wordt. 'U "moest" uw verhaal dus vertellen.' Ik kan de aanhalingstekens horen. 'Maar moest het ook zo plastisch?'

'"Incest" en "seksueel misbruik" zijn abstracte begrippen die mensen de ruimte laten over vreselijke dingen te praten zonder zich er echt iets bij voor te stellen. Dat heet ontkenning. Ik heb geschreven over mijn vaders penis in mijn mond zodat de lezer echt begrijpt waar ik het over heb.'

'Waarom?'

'Omdat op dit zelfde moment duizenden kinderen en tieners tot seksuele handelingen worden gedwongen en ik wil helpen bij het creëren van een atmosfeer waarin zij gehoord en geholpen zullen worden.'

'Als u zo invoelend bent, mevrouw, waarom denkt u dan niet aan uw eigen kinderen? Hoe zullen hun vrienden reageren als dit allemaal bekend wordt? Wat bent u voor een moeder dat u zelfs maar overweegt ze hieraan bloot te stellen?'

'Sommige van hun vrienden zijn slachtoffers van seksueel misbruik. In zijn boek *By Silence Betrayed* haalt John Crewdson een enquête uit 1985 van de *Los Angeles Times* aan, gehouden onder 2267 mensen uit iedere staat' – ik vis een archiefkaart uit mijn tas. 'Van de ondervraagden zegt 22% in de jeugd misbruikt te zijn, 27% van de vrouwen en 16% van de mannen. En dat zijn dan nog alleen degenen die het zich herinneren. In de klas van mijn oudste zoon zitten 58 tieners; daar kan dus heel goed een dozijn misbruikte kinderen bij zitten. De meeste van die kinderen ken ik, en als hun zoiets overkomt, of nog gaat gebeuren, wil ik dat ze de mogelijkheid hebben daarover te spreken, zodat er een eind aan kan worden gemaakt.'

De aanklager doet zijn mond al open om iets terug te zeggen, maar ik leg hem met mijn hand het stilzwijgen op. 'En als nu een van mijn zonen bij me zou komen om me te vertellen dat hij misbruikt is? Om zichzelf en andere kinderen te beschermen zal hij dat moeten vertellen aan politie en rechtbank, hij zal zijn aanrander in de rechtszaal onder ogen moeten komen, en hij zal zich nog veel preciezer uit moeten drukken dan ik in mijn boek heb gedaan. Hoe zou ik hem, of een van zijn vrienden, daartoe aan kunnen zetten als ik het zelf niet opbreng?'

'Er zijn mensen van de kinderbescherming, professionals...'

'Die onderbetaald en overwerkt zijn, en al waren ze dat niet, dan nog zouden geen honderdduizend officiële kinderbeschermers dit kwaad kunnen uitroeien zolang de slachtoffers zelf hun macht niet in stelling brengen. Zolang wij ons voegen naar de regels van de indringer, zolang wij ons neerleggen bij de geheimhouding die *zij* ons hebben opgelegd, zijn we weerloos.'

Het licht dat door de hoge ramen de rechtszaal binnenvalt, schittert op het metalen montuur van de aanklager. 'Ik kan me nauwelijks voorstellen...'

'Er zijn zoveel leugenaars, mijnheer, die zich zullen keren tegen een ieder die die leugens wil ontmaskeren. Is dat een argument om te zwijgen? Denkt u dat die kleine eersteklassers in New Orleans ervan genoten dat ze in hun gezicht werden gespuwd toen ze voor het eerst de blanke school binnen gingen? Vindt u dat hun ouders hen beter thuis hadden kunnen houden? En wat denkt u dan van de mensen die in de oorlog joden hielpen ontkomen aan de dood? Het was veel veiliger geweest buiten schot te blijven. Bent u van mening dat we allemaal beter af waren geweest als zij zich koest hadden gehouden?'

De aanklager heft zijn handen ten hemel, in een gebaar van walging. 'Dat was een schitterend historisch overzicht, mevrouw, maar ik betwijfel of de jury het verband zal zien. Ik neem de vrijheid u de suggestie te

doen dat die hele aanklacht van u één grote, pertinente leugen is, dat er in dat hele boek niet één waar woord staat!'
Ik kijk hem aan. 'Als u het prettiger vindt dat te geloven...'
Zijn gezicht verkleurt dieprood. 'Verklaar u nader, astublieft.'
'De mensen die zich het meest bedreigd voelen door verhalen over incest zijn degenen die er ooit zelf het slachtoffer van waren – of die zelf dader zijn.'
'U probeert toch zeker niet te suggereren – '
'Als u ooit bent misbruikt, hebt u uw hele leven besteed om dat geheim te houden, misschien in de hoop dat het nooit echt is gebeurd. Zolang u niet met uw eigen angsten geconfronteerd wilt worden, heb u goede redenen om de doofpot gesloten te houden.'
Achter zijn bril trekt de aanklager wit weg rond zijn ogen. 'Nee!'
De meeste daders werden ooit zelf aangerand. Als u bezig bent uw eigen verleden na te spelen –'
'NEE, NEE!'
'Als dat zo is, is er hulp voor u – maar alleen als u bereid bent onder ogen te zien wat er met u is gebeurd, en wat u zelf heeft gedaan.'
Ik kijk langs hem heen naar de mensen in de volle rechtszaal.
'Aan u allen hier aanwezig zou ik willen vragen: Hoevelen zijn ooit het slachtoffer geworden van seksueel misbruik?'
Het blijft een tijd stil, mensen mijden zorgvuldig elkaar aan te zien. Dan is er wat rumoer achterin, en een vrouw staat op: een vriendin van mij. Zij is hier om mij bij te staan. Ik ken haar geschiedenis: zij is door haar vader misbruikt, een alcoholist. Een tweede vrouw staat op, ook een vriendin. Ik weet dat zij door haar moeder, een actief en meelevend lid van de kerk, is gemarteld en misbruikt. De volgende is een man, ik ken hem niet. Nog een vrouw staat op, en nog een. Weer een man, twee vrouwen. Nu kijken de mensen elkaar wel aan. Sommigen huilen. Nu staat ook een van de juryleden op, een vrouw, en dan een man. Een derde van alle aanwezigen staat nu. Het blijft stil. Nu staat ook de rechter, een vrouw, op. Ook ik ga staan.
De rechter schraapt haar keel. 'Mijnheer de aanklager, wenst u het hof toe te spreken?'
'Laat me met rust!,' gilt hij, hoog en kinderlijk. 'Laat me met rust!'
'Mijnheer de aanklager,' de stem van de rechter is gebiedend.
'Edelachtbare, ik verklaar'– zijn stem breekt, maar hij herstelt zich voldoende om verder te gaan – 'de aanklacht tegen beschuldigde niet ontvankelijk.'

139

Kinderen (2)

Ik stel me voor hoe ik in Burlingame op het oude station uit de trein stap, het spoor oversteek en richting Howard Avenue loop. Het is niet mistig; de zon schijnt, ik loop tussen de diepe schaduwen van eiken en esdoorns. Links en rechts zie ik de bescheiden huizen met hun kleine, nette voortuintjes; ik kom langs het grote, witte gebouw waar ik school ging, en langs de zijstraten die ik elke dag passeerde: Dwight, Stanley, Channing en Bancroft. Onderweg hield ik vaak halt om even op een boomstronk te klimmen en te zien hoe de wereld er later, als ik groot was, uit zou zien. Nu ben ik groot.

Hier op de hoek van mijn huizenblok is het huis van Toby Hecker; daar luisterden we vaak naar de radio, terwijl zijn moeder het eten klaarmaakte. Aan de overkant staat het huis van Wendy Wheeler – haar broer Tom heeft mij leren fietsen. Om de hoek woonde Helen Rooney, van wie ik de rode hond overnam. En verder, aan de andere kant van Victoria Road, is het park met de grote glijbaan, die wij opwreven met vetvrij papier om hem nog gladder te maken.

Hier is mijn huis: Howard Avenue 105, een crèmekleurige gevel met donkerbruin houtwerk, splitlevel. Aan de ene kant leidt een pad langs weelderige fuchsia's met witte bloesems die eruit zien als ballerina's. De Studebaker van mijn vader staat op de inrit.

Ik ga de drie stenen traptreden op en kom bij de voordeur met het kleine tralieruitje. Ik steek mijn hand uit naar de deurknop, duw, en open de deur.

Ik ruik de oude as in de open haard en de muffe geur van mijn vaders sigaren. De zon valt door de jaloezieën naar binnen en trekt strepen op het kleed. Naast de haard, in een grote fauteuil zit het kind dat ik was. Ze heeft blonde vlechten en een lange pony. Ze draagt een bruine corduroy overal en een gestreept T-shirt, haar voetjes zijn bloot. Ik weet dat dit kind de wereld enigszins wazig waarneemt, omdat ze een bril moet hebben maar dat nog tegen niemand heeft gezegd.

Ik loop de kamer door en tik haar op de schouder. Ze kijkt naar me op en ik zie de sporen van tranen op haar wangen. Ik zeg: 'Ik ben gekomen om je mee te nemen. Wil je met me mee?'

Ze steekt haar armpjes naar me uit en ik buig me voorover om haar op te tillen. De gewichtsverandering bij het tillen komt me bekend voor van alle keren dat ik mijn eigen kinderen droeg. Zij is kleiner dan mijn zonen waren op die leeftijd, en ik ben sterk. Ik kan haar makkelijk optillen; ze slaat haar armen om mijn nek en klampt zich aan me vast. Nu is ze veilig.

Ik kus haar op haar haar en ruik de geur van frisse shampoo. 'Alles is in orde,' fluister ik, 'nu is alles weer goed.'

Ik roep mijn ouders. 'Moeder? Vader?' Door de openslaande deuren komen zij vanuit de tuin naar binnen, ze waren in de tuin bezig. Mijn moeder is wat kleiner dan ik. Haar donkerbruine, vrijwel steile haar omlijst haar schuine, groene ogen en delicate neus. Mijn vader is groot en sterk, veel groter dan ik; hij is zwaar en stevig. Toch ben ik niet bang. Voor het kind in mijn armen breng ik de moed op.

'Ik neem haar mee hier vandaan,' zeg ik, 'hier wordt niet voor haar gezorgd.'

Mijn vader doet een stap naar voren.

'Achteruit!' Ik voel mijn haar rechtop gaan staan, mijn hart klopt sneller. 'Heb het hart niet dat je aan haar komt. Jij komt helemaal nooit meer aan haar.'

Het kind drukt zich vaster tegen me aan, en mompelt iets wat ik niet goed versta. Ik buig mijn hoofd naar haar toe. 'Zeg het maar.'

'Moet ik voor hen blijven?'

'Nee. Ze hebben jou niet nodig. Dat denken ze wel, maar ze hebben het mis. Een klein meisje zoals jij hoeft helemaal niet voor grote mensen zoals zij te zorgen.' Mijn lippen raken haar huid vlak onder haar kleine, volmaakte oortje. 'Jij bent hun eigendom niet. Jij behoort aan jezelf nu, en je hebt mij om voor je te zorgen.'

Mijn moeder strekt haar armen uit en ik zie de spanning op haar gezicht – ik moet denken aan een middag dat ik in de kelder met mijn poppen speelde, daar achter die deur links. Toen zat ik me af te vragen waarom ik niet net zo op mijn poppen gesteld was als mijn vriendinnetjes op de hunne. Ik weet nog dat ik dacht dat ik niet klaar was om moeder te zijn. Zal ik er ooit klaar voor zijn?

Ben ik er nu klaar voor om moeder te zijn voor dit kleine meisje? Ja. Nu ben ik zover. Als mijn moeder dus haar handen uitstrekt naar dit kind, houd ik haar steviger beet en zeg: 'Dit kind kan niet bij je blijven. Je hebt niet voor haar gezorgd.' Mijn moeder laat haar armen zakken en doet een stap achterwaarts.

'Wil je nog gedag zeggen?,' vraag ik aan het kind. Ze wendt haar gezicht een heel klein eindje richting mijn ouders en fluistert: 'Dag,' met een klein, dun stemmetje. Ik voel hoe haar hand even van mijn schouder komt om voorzichtig te zwaaien. Dan duwt ze haar gezicht tegen mijn schouder en klampt zich vast. Als we naar de deur lopen, kijkt ze niet meer om.

Maar ik wel. Wat zou ik tegen hen willen zeggen? Ik wil ze geruststellen, mijn moeders verdriet verzachten. Maar het is te vreselijk. Ze hadden dit kind en zorgden er niet goed voor. 'Ik vind het naar dat jullie dit moet overkomen, maar het is niet mijn schuld.'

Met het kind op mijn arm daal ik voorzichtig het stoepje af, met mijn voet tastend hoe ik moet lopen. Eenmaal op straat vraag ik haar of ze nu verder naast me wil lopen. Ze knikt, ik zet haar neer. Ik kniel voor haar neer en veeg voorzichtig haar tranen af. Uit mijn ooghoeken zie ik hoe mijn ouders te voorschijn komen. Ik kom overeind en neem het kind bij de hand. Ik draai mijn hoofd om en kijk naar hen. 'Dag.'

We lopen weg, het kind en ik, via Howard Avenue, langs de school, naar het station, richting de wereld.

Ik zat op de zeegroene bank in de spreekkamer van mijn therapeut. Het licht in de kamer weerkaatst op de blankhouten vloer en de crèmekleurige wanden. Kris zat tegenover me in een grote leunstoel. Ik zat te praten over hoe de verhouding met mijn kinderen was veranderd. 'Er ontbreekt iets,' zei ik, 'het verleden drukt nog steeds, het heeft invloed. Ik ben heel blij dat ik de woede die voor mijn ouders is bestemd niet langer over de kinderen uitstort, maar ik heb zo'n moeite met de laatste stap; ik slaag er niet in gevoelens van warmte en liefde naar buiten te laten komen. Ik ben er bang voor. Waarom is het zo eng?' Ik begon te huilen. 'Wil je hier naast me komen zitten,' vroeg ik haar.

Ze kwam naast me op de bank zitten. 'Het gaat om dicht bij elkaar zijn,' zei ze zacht, 'jij weet niet hoe dat is, – dat maakt het zo eng.'

'Als ik dergelijke gevoelens toelaat, word ik zo kwetsbaar,' zei ik. 'Ze zullen me opdringerig vinden, sentimenteel. Ze zullen zich opgelaten voelen onder zo'n opgedrongen affectie.'

Ik begon harder te huilen. Ze sloeg haar armen om me heen en omhelsde me stevig. Ik wilde als een kind in haar armen liggen. 'Ik wil mijn hoofd op je schouder leggen, maar ik ben bang dat mijn mascara vlekt op je blouse.'

'Als dat gebeurt, gaat hij gewoon in de was,' zei ze.

Ik sloeg mijn armen om haar nek en drukte mijn gezicht tegen haar aan.

142

Al kan ik mijn zoon niet meer optillen, toch is Tom met zijn elf jaar nog jong genoeg om op schoot te zitten en zijn armen om mijn nek te slaan. Ik vind het heerlijk om hem te omhelzen, zijn zachte, blonde haar te ruiken, zijn gladde wangen te kussen en te horen hoe hij lacht. Mijn zoon William is dertien. Als ik hem mag knuffelen, is dat een bijzondere gift. Ik moet hem laten gaan zodra hij er genoeg van heeft, en geduldig wachten tot het weer eens mag.

De manier waarop ik met mijn kinderen omga, is veranderd sinds ik mijn eigen jeugd ontsluierde, sinds ik het kind heb leren kennen zoals het was in die tijd van misbruik. De woede is verdwenen en de dringende noodzaak me uit de voeten te maken zodat niemand me te na kan komen, ook. Weg is de drang van ieders aanraking gevrijwaard te blijven.

Ik ben opgegroeid in de overtuiging dat ik moest doen wat mijn ouders wilden. Toen ik moeder was, dacht ik dat ik mijn kinderen in alles tegemoet moest komen. Als ze riepen, verscheen ik, ongeacht waar ik mee bezig was, of ik het nu druk had, of lag te slapen, of ziek was. 'Zet de douche voor me aan... Maak wat toast voor me klaar... Schenk eens melk in... Rijd me even naar school... Ga inkopen met me doen... Pak eens kladpapier voor me... Haal eens wat ijswater... Doe het licht uit... Haal een andere deken voor me...' Ik deed het allemaal, en meestal zonder zelfs maar 'alsjeblieft' of 'dank je wel' te verwachten. Ik hield op met koken, met lezen, met schrijven, ja zelfs met het nemen van een bad, als zij riepen. Ik bleef opzitten om ze voor te lezen al viel ik om van de slaap; kroop midden in de nacht uit bed als ze me nodig hadden. Zelfs met een verstuikte enkel strompelde ik de trap op in plaats van hen naar beneden te laten komen. Als ze om iets vroegen, deed ik mijn uiterste best om het ze te bezorgen. En ik was boos: ik zorgde voor iedereen en niemand zorgde voor mij.

Rekening met mezelf leren houden – zorgen voor het kind dat ik ooit was – was een langdurige, pijnlijke, angstwekkende procedure. Toen ik besloten had dat ik 's avonds om tien uur in bed moest liggen, moest ik dat stap voor stap uitwerken: eerst met mijn therapeut doorspreken, dan met mijn man overleggen, mijn vrienden erin kennen, op de kalender noteren dat ik dan-en-dan de kinderen zou vertellen wat ik had besloten, en vervolgens verder leven tot die dag waarop ik mijn rug zou strekken, diep adem zou halen en uitspreken: 'Ik heb besloten dat ik 's avonds om tien uur in bed moet liggen,' dat met een diep en overtuigend stemgeluid. Ik vond niet dat ik recht had op slapen zolang er voor iemand nog iets te doen viel.

143

Tegen Kris zei ik: 'Ik voel me zo schuldig als ze me om iets vragen en ik geef het ze niet.'
'Let op dat schuldgevoel,' zei ze, 'daaruit blijkt dat er iets verandert in de manier waarop je de zaken aanpakt.'
Het schuldgevoel verdween na een tijdje. Vanmiddag vroeg William of ik wat toast voor hem wilde maken. 'Kun je dat misschien zelf even doen?,' vroeg ik, 'ik ben net even bezig.' Dat deed hij dus, zonder morren. Een kleinigheid, maar voor mij niet.

Mijn kinderen worden soms boos op mij, zoals alle kinderen wel eens boos worden, maar hun woede is minder angstaanjagend voor mij, en voor hen. Ik begin te geloven dat ik hun boosheid kan overleven; en naarmate ik minder angstig word, zijn zij minder agressief. Wat moet het erg voor hen zijn geweest dat ik bang was dat hun boosheid mij zou vernietigen.

Nu wordt het mogelijk grenzen te stellen; het is niet makkelijk, maar het kan wel. De behoefte het kind in mij te beschermen geeft me moed, net zoals in mijn fantasieën, om diegenen te weerstaan die misschien boos worden als ik bepaalde grenzen stel. Het kind heeft recht op goede zorg.

Toms verlangens in de supermarkt zijn nu een gedeelde grap. 'Koop je wat cola-lollies voor me?,' vraagt hij. 'Ja zeker,' antwoord ik, 'met Sint Juttemis.' We kunnen er allebei om lachen.

Nu ik nee kan zeggen, kan ik ook ja zeggen. Nu ik de zaak beheers, kan ik de teugels ook laten vieren en speels zijn. 'Jij was het monster, en ik het kleine kindje,' zegt Tom. Ik heb hem het hele huis door, van beneden naar boven, nagezeten, grommend en stampvoetend – de honden begonnen er wild van te blaffen – en toen ik hem te pakken had, heb ik hem flink gekieteld. Onderwijl dacht ik bij mezelf: Dit is pret hebben! Zo voelt het dus om gewoon plezier te maken!

William en ik gingen tussen de middag eten in een restaurant met glanzende, donkere muren, verlichte bierreclames, en frisse lucht die ons tegemoet wapperde uit de airconditioning. Uit de keuken drongen verrukkelijke geuren tot ons door. William had spaghetti, gehaktballen en cola, ik nam muffaletta en een ijskoude limonade. Het eten was voortreffelijk, het Franse stokbrood van buiten heerlijk knapperig en binnenin zacht; de gesmolten kaas heerlijk, het vlees kruidig, de olijvensalade zout en knapperig. We hadden honger, we zaten te eten, en we waren samen.

Bij een andere gelegenheid reden we Lakeshore Drive op en neer, met de raampjes open en de radio hard aan. De hele auto leek vol warme lucht, helder licht en muziek; vol met tijd. Ik had alle tijd van de wereld. Ik wilde nergens anders zijn dan waar ik nu was: heen en weer rijdend met mijn zoon; zwevend in een auto vol licht en lucht en warmte en muziek en tijd en liefde.

Het gouden zwaard

De honden in mijn hondedromen zijn de mythische wachters van mijn persoonlijke onderwereld. Ze weigeren mij de toegang tot ik rijp ben om te aanschouwen wat zich daar bevindt. Zo lang ik er niet klaar voor ben, slaag ik er niet in langs ze heen te komen.

Ik weet wat er met mij is gebeurd en ik ervaar nu de gevoelens die ik mezelf destijds niet toe kon staan. Maar herinneren heeft nog een andere dimensie. Ik ben bijna op het punt dat ik me het gewicht van zijn lichaam herinner, de klamheid van zijn huid, de lucht van sigaren in zijn adem, de manier waarop zijn lichaamshaar tegen mijn huid prikte; dat alles herinner ik me bijna net zo goed als ik nog weet hoe water smaakte dat uit de tuinslang kwam. En dat wil ik niet. Ik wil me dat niet herinneren. 's Avonds wil ik niet gaan slapen: ik wil niet terugkeren. Dus beschermen de honden mij. Nog steeds word ik iedere nacht wakker, doosbenauwd dat ik ze geen eten heb gegeven en dat ze zullen doodgaan als ik dat niet doe.

Is het noodzakelijk je de dingen te herinneren? Dat vroeg mijn therapeut en ik zei: misschien niet. Misschien niet voor het genezen. Maar het is een spirituele uitdaging. Ik heb mijn hele leven het kwaad ontkent, niet alleen mijn persoonlijk kwaad maar alle kwaad rondom mij: misdaad, armoede, vooroordelen, oorlogen, de holocaust. Ik ben erin geslaagd dat allemaal als abstracte begrippen te zien, zonder de details die het echt voor me zouden maken. Ik wilde een eiland zijn. Ik wilde de klok niet horen luiden, niet voor mij.

Nu wil ik kiezen. Ik wil uit vrije wil daar terugkeren, doodsbang, maar niet weerloos: zoals de held uit een kinderverhaal. Mijn man zegt dat ik een gouden zwaard nodig heb.

De ontmoeting met het kwaad betekent dat je het in zijn geheel opneemt: uiterlijk, geur, geluid, smaak, textuur. Niet alleen de feiten en de gevoelens, ook alle sensaties daaromheen. En wat het allemaal inhoudt. Dat een vader dat zijn dochter kon aandoen, dat mijn vader mij dat kon aandoen, dat hij 's nachts naar mijn kamer sloop, zich onder de dekens wurmde en zijn lichaam tegen het mijne drukte; toestond dat ik mijn lichaam tegen hem aandrukte. Dat hij zijn hand daar beneden liet woelen, mijn schaamlippen openspreidde, zijn vingers bevochtigde met spuug, en later met mijn afscheiding, en die plek aanraakte waarvan ik nog steeds de naam niet horen kan sinds hij die voor mij benoemde; ik lag doodstil, als een standbeeld, dood als een standbeeld, maar wel met die gevoelens als een vurige knoop diep in mij. Het was mijn beschermer, mijn vader, die me dat aandeed, en ik kende zijn klamme huid zijn zurige lucht de papperige zachtheid van dat lichaam.

Soms bespeelde hij me zo bedreven dat ons beider lichamen leken op te lossen zodat niet anders overbleef dan een withete vlam van lust van onderen en een scherp begrensd bewust besef ergens heel hoog. Maar soms ook lukte het me niet om weg te komen. Duwde zijn mond op de mijne, die grote, open grot van een mond; hij drukte zijn braakselzachte tong in mijn mond; hij likte mijn tepels als een dorstige hond. Met zijn tong op die andere lippen maakte hij me daar beneden nat en smerig, net zo nat en walgelijk als zijn eigen natte, walgelijke mond, terwijl ik daar boven wachtte, en dacht: daar beneden gebeurt iets en ik wil het niet voelen. Die natte tong, zo weerzinwekkend, ik ben weerzinwekkend, het kleeft me aan en ik krijg het nooit meer schoon, die vreselijke geheime delen van mij zijn smerig. Ik wilde dat ik ze af kon snijden, maar nee, nee! Ik kan toch niet een deel van mezelf wegsnijden?

Terwijl ik dit zit op te schrijven, moet ik huilen; ik wieg mezelf heen en weer, een hand voor mijn mond, de andere tegen mijn buik geklemd, in een poging verdriet en razernij binnen te houden. Nee. Ik verkies het niet te doen, niet die gevoelens langer te onderdrukken. Hij kan me niet meer kwetsen. Hij is dood.

Ik ben blij dat hij dood is. Ik wilde dat er een graf was waarop ik kon dansen. Van hem mocht ik niet dansen, maar nu doe ik het toch. Liefst zou ik dansen op de golven van de oceaan, op de druppelwaaiers, op de schittering van mijn eigen tranen in de zon, op de beenderresten, blinkend in het licht terwijl ze draaiend en wiekend omlaag glijden naar het water; het vliegtuig hangt daarboven, en ik lees: 'Een rivier – haar stromen verheugen de stad Gods…' Zijn botten stortten in het zeewater en zonken naar de bodem, ver weg in het duister, waar nooit het licht er meer op zal vallen, nooit, nimmer; zout zal ze doen verkeren tot stof en nooit zullen ze rust vinden op de bodem van de oceaan, immer zullen ze zweven met het getij in de diepste diepten; en ik daarboven, dans op de golven.

Op een dag zal ook ik sterven. Voor die tijd wil ik alle mensen die dachten dat hij zoiets nooit op zijn geweten zou kunnen hebben, de waarheid vertellen. De kinderen van wie hij de wonden verzorgde, de vrouwen die hij zo zacht en tactvol begeleidde nadat hij hun een borst had

147

afgezet, al de lammen en kreupelen van Crystal Springs. Crystal Springs, de kristallen zee, plaats in een lied: '...waar de zang van alle zondenvrijen over de kristallen zee verklinkt.' Maar wie is zonder zonden? Ieder van ons: a devil inside. Is in ieder mens, in iedere man, vrouw, in ieder kind iets van God? In hem? Als ik hem zie als een angstig kind, gevangene van zijn ouders, dan zie ik het licht. Maar hij heeft het gedoofd toen hij bij me in bed kroop en mij tot voertuig van zijn woede maakte.

Zijn hand om de mijne, rond zijn penis, mijn arm lam alsof ik slaap, hulpeloos de beweging volgend, op en neer, op en neer, terwijl hij kreunde: 'Sneller! Sneller!,' tot het voorbij was. Zijn penis in mijn mond gedrongen terwijl hij voor me stond, zijn lange vingers over mijn oren, zijn duimen te hard drukkend op mijn wangen, te dicht bij mijn ogen, terwijl hij heen en weer schokte. Ik hield mijn nek stijf onder de beweging van zijn handen; die haren in mijn mond, dat lange ding in mijn mond, te groot, te groot, ik zal erin stikken, en wat dan? Een mond vol slijm. Te beschaamd om het uit te spugen, slikte ik het kokhalzend door. Daarna hing ik over de wc-pot, ik wilde braken, ik was bang om te braken, bang dat mijn darmen mee naar buiten zouden komen, bang om dat gruwelijke geheim dat ik had ingeslikt weer naar buiten te brengen.

Klootzak, klootzak, zakkewasser, wie heeft van jou gehouden zoals jij van mij hield? Was het verdriet van die kleine jongen zo kil dat het een gat dwars door je hart heeft gemaakt? Ben je weggezonken in een gat zo diep als het middelpunt van de aarde, ver onder het zwevend stof van de oceaanbodem? Toen je stierf, ben je toen weer die kleine jongen geworden die zijn zusje hoorde huilen als haar vader met haar de dingen uithaalde die jij mij later aandeed? Mij en mijn zus: van generatie op generatie.

Het kwaad is een klein, huilend jongetje in de nacht, met een moeder die zijn vader haat, en een vader die zijn moeder haat en een moeder die van hem houdt, zo van hem houdt, van hem houdt, dat hij haar enige hoop is, het enige wat ze heeft. Hij wil niet het enige voor haar zijn. En hij is boos, boos groeit hij op; hij probeert alles te zijn dat wie dan ook ooit van hem verwacht heeft, en de boosheid woekert voort: 's nachts kruipt hij bij mij in bed en ontneemt me mijn kindertijd.

Ik zal langs die honden komen, wanneer ik zeg: 'Ik hoef niet wakker te worden om voor je te zorgen, dat heb ik lang genoeg gedaan. Ik kan rusten, ik kan slapen, ik kan me herinneren. De honden zullen in slaap vallen. Als kleedjes liggen ze naast mijn bed, gereed om te ontwaken en me te beschermen tegen de vreemdeling, mocht hij verschijnen. Als ik zeg: 'De vreemdeling kan me nu niet meer te na komen,' dan laten ze hem er langs, en zal ik oog in oog met hem staan. Oog in oog met mijn vader.